Geschichtliche Reise durch

VERDUN

Stadttor *Porte Chaussée.*
Sammlung Monique Sclaresky.

Text: Jean-Pascal Soudagne
Übersetzung: id2m

Editions OUEST-FRANCE

VERDUN
ASSIEGE DETRUIT OU ENDOMMAGE
450-485-984-984-1047
1338-1562-1792-1870
A ETE DETRUIT EN DIX
FEVRIER-DECEMBRE 1916
ET REBATI EN DIX ANS
1919 - 1929
LE 23 JUIN 1929
M. GASTON
ACCOMPAGNE DE
M. RAYMOND POINCARE PRESIDENT
M. ANDRE MAGINOT MINISTRE DES
M. LE MARECHAL PETAIN
CITAINS DE VERDUN
M. PAINLEVE MINISTRE DE LA GUERRE
M. FORGEOT MINISTRE DES TRAVAUX
ET REGIONS LIBEREES
M. LOUCHEUR MINISTRE DU TRAVAIL
A PRESIDE A L'ACHEVEMENT DE LA
M. V. SCHLEITER DEPUTE ET
ETANT MAIRE
M. MAGNY PREFET DE LA MEUSE
M. CAMPION SOUS PREFET DE
M. LE GENERAL BORDEREAUX
HOTEL
RESTAURANT

Inhaltsverzeichnis

◆ Das im Jahre 1877 erbaute Stadttor *Saint-Paul* zählt zu den wenigen Stadtwallteilen, die nach 1929 erhalten geblieben sind. Seine zwei Zugbrücken mit ihrem komplizierten Mechanismus, die Zinnen und falschen Pechnasen machen diesen ehemaligen Durchgang zum Bahnhof zu einem wahren Schmuckstück.

Wenngleich im Jahre 1916 "Verdun das Herzen Frankreichs war", so Kronprinz Wilhelm von Preußen (1882-1951), ältester Sohn Kaiser Wilhelms II., beginnt die Geschichte der Stadt gewiss nicht erst in dieser Epoche. Ihre Anfänge reichen weit zurück und die furchtbare Schlacht von 1916, die Verdun zum Symbol des französischen Widerstands machte, sollte keinesfalls ihre reichhaltige historische Vergangenheit überschatten. "Verdun ist ein Krieg für sich allein im Ersten Weltkrieg" (Paul Valéry).

◆ *Quai de Londres*. An lauen Sommerabenden lädt die Kaistraße längs der Maas mit ihren Geschäften zum Bummeln und Flanieren ein.

◆ Brücke in der Park- und Freizeitanlage *Pré-l'Evêque*.

🡅 Das Stadttor *Porte Chaussée*. Es wurde im Jahre 1380 auf Kosten des dienstältesten Händlers von Verdun, Wautrec, erbaut. Das zwischen 1675 und 1698 vom Festungsbaumeister Vauban umgebaute Tor besaß vormals eine Zugbrücke, die den Zugang zur ländlichen Umgebung Verduns sicherte.

⯅ Luftbild von Verdun. Im Vordergrund der Bischofspalast, in dem das Weltfriedenszentrum untergebracht ist. Dahinter die Kathedrale der Stadt.

Verdun

unter geistlichem Einfluss

Die Ursprünge der Stadt mit ihrer überaus bewegten Vergangenheit gehen bis auf die Altsteinzeit zurück. Allem Anschein nach waren es die Kelten, die dem Ort seinen Namen verliehen, noch bevor ihm die Gallier seine geografischen Grenzen steckten. Verdun liegt im ehemaligen Stammesgebiet der Mediomatriker (lat. *Mediomatrices*), das sich im Norden Elsass-Lothringens zwischen den Flüssen Maas und Rhein erstreckte. Damals lebten die Einwohner der Stadt vornehmlich vom Getreideanbau (Weizen und Gerste) und der Viehzucht (Schweine und Schafe). *Virodunum* schien schon damals ein strategisch wichtiger Ort zu sein. Als er 58 v. Chr. unter römischer Herrschaft zu einem Knotenpunkt zwischen Reims *(Durocortorum)* und Metz *(Divodorum)* wurde, wich der friedliche Ort einem regen Handels- und Handwerksplatz. Nachdem im ausgehenden 3. Jh. aufgrund der herrschenden Unruhen ein Stadtwall errichtet wurde, entstand neben den Siedlungen längs des Maas-Ufers das vielbelebte *Castrum* innerhalb der schützenden Stadtmauern. Zu dieser Zeit verbreitete sich das Christentum (um 332) und hielt in Verdun mit dem Hl. Saintin und späteren Bischof Einzug.

➧ Darstellung der Vision der Nonne Marguerite-Marie Alacoque vom Christus, der ihr sein Herz offenbart. Die Heilige lebte im Kloster der Salesianerinnen von Paray-le-Monial (1673).

➧ Der Hl. Joseph in der Kapelle *Chapelle au fer*

ETYMOLOGISCHE HERKUNFT VON *VERDUN*

Es ist anzunehmen, dass der Name *Verdun* keltischen Ursprungs ist. Der wahrscheinliche Name *Virodunum* oder *Verodunum* bezeichnete in der keltischen Sprache eine Festung *(dunum)*, die über eine Furt oder einen Flusslauf *(vir* bzw. *ver?)* wachte.

Unter der Herrschaft der Merowinger und Karolinger

Zur Zeit der Invasionen und Völkerwanderungen, insbesondere unter Hunnenkönig Attila und seiner Gefolgschaft (um 406), bleibt auch Verdun nicht von Zerstörung, Plünderung und Brandschatzung verschont. Doch die Christianisierung schreitet unbeirrt fort und findet im ländlichen Umland viele Anhänger. Von nun an ist die Stadtgeschichte untrennbar mit der Geschichte ihrer Bischöfe verknüpft und bleibt es auch, als sie unter Chlodwig I. dem Frankenreich einverleibt wird. Erst der letzte selbstständige Merowinger-König Dagobert I. widersetzt sich der Kirche mit allen Mitteln. Unter der Pippiniden-Dynastie entwickelt sich Verdun zu einer wohlhabenden Stadt, deren Einwohner für ihre kaufmännischen Fähigkeiten großes Ansehen genießen. Das Maas-Gebiet erlebt einen derartigen wirtschaftlichen Aufschwung, dass sich mit der Krönung Karls des Großen die Maas zu einer wichtigen Achse der neuen Monarchie entwickelt. Bereits 817 regelt Ludwig der Fromme, Sohn und Erbe Karls des Großen, seinen Nachlass unter seinen Söhnen Lothar I., den er zum Mitkaiser krönte, Pippin und Ludwig dem Deutschen. Doch die Geburt Karls des Kahlen (823) aus seiner zweiten Ehe mit Judith von Bayern (819) gefährdet nicht nur die Nachfolgeregelung von 817, sondern ruft außerdem die Empörung seiner Söhne hervor. Durch die neue Regelung erhält Lothar I. Italien, Pippin und Ludwig Aquitanien bzw. Bayern und Karl Neustrien. Als Ludwig der Fromme stirbt, kommt es zwischen den drei noch lebenden Brüdern zum Streit und sie ziehen gegeneinander in den Krieg, der schließlich durch Friedensverhandlungen beigelegt wird.

↓ Die Kathedrale *Notre-Dame*. Die aus je vier kleinen Säulen gebildeten Pfeiler in der östlichen bzw. großen Krypta stützen Kapitelle im romanischen bzw. burgundischen Stil. Einige dieser Kapitelle, die dem Bildhauer Le Bourgeois (1935) zu verdanken sind, stellen die Schlacht von Verdun dar.

DIE ABTEI SAINT-VANNE

Die wahrscheinlich älteste christliche Stätte der Stadt geht auf das 5. Jh. zurück und war ursprünglich dem Hl. Paulus und dem Hl. Petrus geweiht. Im Jahre 952 wurde das Kloster in Saint-Vanne umgetauft und die Benediktsregel eingeführt. Im 11. Jh. entwickelte es sich zu einem der einflussreichsten Klöster Lothringens. Mit dem Wiederaufbau der Abteikirche begann eine Reihe von Umbauten: Im 12. Jh. wurden dem Bauwerk zwei Türme hinzugefügt, im 15. und 16. Jh. kamen die Türme des Kirchenschiffs und des Chors hinzu. Insgesamt zählte das Bauwerk drei gleich hohe Kirchenschiffe, die durch hohe Fenster erhellt wurden. Im 17. Jh. entwickelte sich die Abtei zu einer Hochburg der Benediktiner-Reformbewegung. 1630 wurde sie in die Befestigung der Zitadelle integriert und im Jahre 1791 aufgelöst.

Im Laufe der Jahre verfiel das Bauwerk zusehends, bis es schließlich völlig zusammenfiel. Nach dem Abriss der Klostergebäude im Jahre 1872 blieb nur der Nordturm erhalten, der nach den Bombenangriffen von 1916 restauriert wurde. Heute ist er der einzige Zeuge der einst einflussreichen Abtei.

➧ Der Turm *Saint-Vanne* (12. Jh.), einziger Überrest der berühmten Abtei *Saint-Vanne.*

➧ Liegende Patrizierfiguren auf dem Grab des Aristokraten François de Saintignon und seiner Gemahlin Claude de Failly, ausgehendes 16. Jh. (Teilansicht).

KIRCHEN UND HEILIGE STÄTTEN

Im sehr begehrten Bischofssitz Verdun entstanden nach der Thronbesteigung Karls des Großen immer mehr Kultstätten in Form von Kirchen, heiligen Stätten, usw.

Die ersten Kirchen wurden außerhalb des *Castrums* erbaut. Der Überlieferung zufolge ist Saintin die erste, den Aposteln Petrus und Paulus geweihte heilige Stätte zu verdanken, die mindestens bis ins 8. Jh. als Grabstätte der Bischöfe diente. Auf seinen Nachfolger Maur ist eine am Fluss Scance gelegene heilige Stätte zum Gedenken an den Hl. Johannes zurückzuführen, die bis ins Jahr 1.000 bestand, dem Gründungsjahr der Abtei Saint-Maur. Die erste Kathedrale wurde wahrscheinlich in der Mitte des 5. Jh. im Auftrag von Pulchrome mitten in der Stadt errichtet. Wie die meisten Sakralbauten zu dieser Zeit wurde sie aus Holz angefertigt (erst im 10. Jh. kamen die ersten Bauwerke aus Stein auf). Auch Paul ließ eine dem Hl. Saturnin von Toulouse geweihte Kapelle errichten, die nach ihrer Zerstörung im Laufe der Invasionsgeschehnisse des 10. Jh. die Grundmauer für die Abtei Saint-Paul stellte.

➧ Blick vom Kreuzgang auf den Garten. Die beiden quadratischen Türme der Kathedrale wurden nach dem Brand von 1755 anstelle der zerstörten Kirchtürme errichtet.

➧ Der wunderschöne Kreuzgang der Kathedrale *Notre-Dame* mit seinen drei Gewölbegängen und spätgotischen Arkaden.

DIE KATHEDRALE NOTRE-DAME DE VERDUN

Die Kathedrale von Verdun zählt zu den ältesten Bauwerken Lothringens. Der imposante Bau, an dem romanische, barocke sowie gotische Einflüsse zu erkennen sind, überlebte zahlreiche Brände, die Revolution und die beiden Weltkriege.

Zwischen 990 und 1024 begann Bischof Heimon ausgehend von den alten Grundmauern mit dem Bau einer großen Kathedrale aus Stein. Das in romanischem Stil rheinischen Einflusses (oder ottonischem Stil) erbaute Gebäude bildet das heutige Fundament einer 100 m langen, 42 m breiten und 20 m hohen Konstruktion. Die ottonische Architektur kommt in der Symmetrie des Bauwerks mit zwei Querschiffen, zwei Chören mit je zwei Türmen und zwei Krypten zum Ausdruck. Im Anschluss an starke Beschädigungen wurden zwischen 1136 und 1160 große Umbauten an der Kathedrale vorgenommen. So ließ der Architekt Garin den karolingischen Chor durch einen neuen romanischen Chor burgundischen Einflusses mit einer großen Krypta und zwei seitlich angelegten Krypten ersetzen. Kennzeichnend für den Chor waren seine reichhaltige Ornamentik an den Kapitellen und sanft geschwungenen Portale. Am 11. November 1147 weihte Papst Eugen III. die Kathedrale Notre-Dame ein. Im ausgehenden 14. Jh. wurde sie vom Architekten Pierre Perrat erneut umgebaut, diesmal in gotischem Stil. Das Kirchenschiff erhielt ein Spitzbogengewölbe und die Kapellen der Seitenschiffe wurden miteinander verbunden. Nachdem in der Nacht vom 2. April 1755 ein Brand die oberen Gebäudeteile (Türme, Dachstühle) vernichtete, leitete der Kanonist und Architekt De Plaine Restaurationsarbeiten ein. Gleichzeitig gestaltete er das romanisch-gotische Bauwerk in ein barockes Gebäude um und verdeckte das mittelalterliche Erbe wie die romanischen Kapellen, die beiden Krypten und die zahlreichen Grabdenkmäler. Während der Revolution blieb das Gebäude erhalten, doch wurden zahlreiche Statuen zerschlagen und Gemälde zerstört.

1916 wurde die Kathedrale Opfer der deutschen Bombenangriffe. Nach dem Krieg wurden die zerstörten Gebäudeteile wieder aufgebaut und gleichzeitig die im 18. Jh. verdeckten Elemente restauriert. So erlangte die Kathedrale schließlich ihr ursprüngliches Aussehen wieder.

▲ Südflügel der Kathedrale mit vier der neun Seitenkapellen.

◆ Innenansicht des Kirchenschiffs: Blick auf den Chor und den Säulenbaldachin über dem Altar.

▼ Kathedrale *Notre-Dame*. Der Kreuzgang im Süden führte zu den Gemächern der Domherren. Mit Ausnahme des oberen Fensterbereichs der östlichen Galerie, das in gotischem Stil des 14. Jh. gehalten ist, wurde der Kreuzgang zwischen 1509 und 1517 vom Architekten Masson angefertigt.

▲ Kathedrale *Notre-Dame*. Kleine Kapelle.

Machtkämpfe

Der am 10. August 843 unterzeichnete Vertrag von Verdun gliedert das Reich in drei Teile: Germanien bzw. Ostfranken im Osten geht an Ludwig den Deutschen, Westfranken im Westen an Karl den Kahlen. Der breite Streifen zwischen diesen beiden Reichen, die bereits das spätere Deutschland und Frankreich erahnen lassen, fällt an Lothar I. In diesem *Mittelreich*, das sich von der Nordsee bis nach Norditalien erstreckt, liegt Verdun an der Grenze zu beiden Reichen. Um die Stadt entstehen Rivalitäten. Es werden Ansprüche geltend gemacht und die Jahre zwischen 870 und 940 sind von Unsicherheit und Unruhen gekennzeichnet. Trotz allem bleibt Verdun zwischen dem 6. und 11. Jh. ein reger Handelsplatz: Geldverleiher lassen sich in der Stadt nieder und der Ort nimmt aktiv am Handel im Maas-Becken teil, zwischen Maas-Mündung und Saint-Mihiel. Die Stadt befindet sich an einem strategisch wichtigen Knotenpunkt zwischen West- und Ostfranken, insbesondere seitdem sie 925 dem Deutschen Reich einverleibt wurde. Die Kirche ihrerseits festigt ihre politische Stellung, indem sie die kaiserlichen Bischöfe einsetzt, um der wachsenden Autonomie der Großfürsten Einhalt zu gebieten.
Auch die Münzen werden von den Bischöfen geprägt. Diese Epoche stellt den Höhepunkt der bischöflichen Macht dar. Als Garanten der unantastbaren kaiserlichen Macht treiben die Bischöfe Reformen voran, sind aber gleichzeitig damit beauftragt, das Aufbegehren der Grafen und Großfürsten zu zügeln. Etwa in der Mitte des 12. Jh. beginnt die bischöfliche Macht erstmals zu bröckeln. Während das kulturelle und klösterliche Leben an Glanz verliert und die Münzprägung durch die Bischöfe eingestellt wird, gewinnt das Bürgertum dank der regen Handelstätigkeit an Einfluss.

DAS *MUSÉE DE LA PRINCERIE*

Der Name des Renaissance-Hauses *Princerie* erinnert an eine im Jahre 1385 abgeschaffte Abgabe. Bevor es zum Museum umfunktioniert wurde, diente das Gebäude dem obersten Archidiakon der Kathedrale als Herrenhaus. 1525 wurde es von den reichen Kanoniker-Brüdern Musson neu aufgebaut. Das durch die Bombenangriffe von 1916 und 1917 stark beschädigte Gebäude wurde nach dem Krieg restauriert und ist seit 1927 als *Musée de la Princerie* bekannt.
Das Museum verfügt über reichhaltige Sammlungen, die zum Teil die bischöfliche Vergangenheit der Stadt nachzeichnen. Hierzu zählen Objekte aus Elfenbein, Skulpturen und Goldschmiedearbeiten aus dem Mittelalter, insbesondere aber eine aus Holz geschnitzte, bunt bemalte Jungfrau mit Kind in romanischem Stil (12. Jh.) und eine weitere in gotischem Stil (14. Jh.). Altes Steingut aus berühmten Fabriken wie Rouen und Nevers sowie Steingut aus regionaler Produktion (Toul, Lunéville) und aus den Argonnen (Les Islettes, Rarécourt, usw.) füllen einen zweiten Museumsbereich. Abgerundet wird der Museumsbesuch durch Werke regionaler Maler. Ausgestellt sind u.a. der in Verdun geborene Louis-Hector Leroux, der sich von antiken Themen inspirierte, und der aus dem Département Meuse stammende Jules Bastien-Lepage, der für seine ländlichen und städtischen Alltagsszenen bekannt ist.

Musée de la Princerie. Der zu Beginn des 16. Jh. im Renaissance-Stil wieder aufgebaute, ehemalige Herrensitz des Archidiakons der Stadt verfügt im Innenhof über einen doppelstöckigen Umgang, darunter einen Kreuzgang im Parterre mit niedrigen Bögen. Nach dem ersten Weltkrieg wurde das Gebäude vollständig restauriert.

Musée de la Princerie. Im "Lothringer Saal" ist Mobiliar aus Lothringen zu sehen (18. und 19. Jh.).

Im *Musée de la Princerie* sind eine archäologische Sammlung sowie ehemaliges Steingut aus den Argonnen zu sehen.

Verdun: *Vom Heiligen Römischen Reich deutscher Nation zum französischen Königreich*

Die rege Handelstätigkeit sollte jedoch nur von kurzer Dauer sein. Dank ihrer Jahrmärkte entwickelt sich die Champagne zwischen 1150 und 1350 zum wirtschaftlichen Dreh- und Angelpunkt und verdrängt die Städte des Départements La Meuse von der Handelsbühne. Verdun versucht weiterhin, attraktiv zu bleiben und handelt mit Wolle, Tuche und Leinen, Getreide, Holz, Salz und Wein, der sich als besonders lukrativ erweist. Die Händler der Stadt befahren die europäischen Märkte bis etwa 1250. Zu diesem Zeitpunkt lassen sich die Italiener in Verdun nieder und setzen dadurch dem Handel des Départements schwer zu, da sie einen Großteil der Geschäfte und damit der Geldmittel an sich reißen. Das ländliche Gewerbe gewinnt gegenüber den Städten wie Saint-Mihiel und Étain an Wettbewerbsfähigkeit und macht somit dem urbanen Handel Konkurrenz.

Am Ende des 14. Jh. erlebt die Region weitere geschäftspolitische Umwälzungen. Aufgrund der Verschiebung der wichtigsten Handelsstraßen nach Osten (Frankfurt, Genf), können viele der durch die Kriege gebeutelten Handelsverbindungen nicht aufrecht erhalten werden. Denn selbst in der Friedenszeit (1380-1415) des Hundertjährigen Krieges kennt das Leben in Verdun nur selten Ruhe. Das Umland von Verdun ist überbevölkert, die Bauernschaft und der Adel verarmt und wie 1316 breiten sich Hungersnöte und Seuchen aus. Auch Verdun bleibt nicht von diesen Plagen verschont.

➧ Das Stadttor *Porte Chatel*. Das älteste Tor der Stadt (12. Jh.) befindet sich am höchsten Punkt von Verdun.

DAS STADTTOR *PORTE CHATEL*

Das im 12. Jh. an der höchsten Stelle der Oberstadt erbaute Stadttor *Porte Chatel* ist ebenfalls unter dem Namen *Porte champenoise* bekannt, da die durch das Tor verlaufende Straße in Richtung Champagne führt. Über dem Bogengang in der Stadtmauer aus dem 12. Jh. befindet sich ein zu Verteidigungszwecken angelegter geschlossener Balkon mit Pechnasen aus dem 14. Jh. Nach dem ersten Weltkrieg wurden die angrenzenden Bauten zur Erleichterung des Autoverkehrs entfernt.

RUE
DES HAUTS FINS

Der Aufschwung der Bourgeoisie

Ein seltenes und höchst wichtiges politisches Ereignis ist der Erlass der Goldenen Bulle[1] Karls IV., der vom Prälaten um Unterstützung gebeten worden war. Mit diesem Text erhält Verdun 1378 den Status einer Kaiserstadt. Die Bourgeoisie jedoch, deren Aufschwung sich im 13. und 14. Jh. zumindest politisch gegenüber der Bischofsschaft abzeichnet, scheint sich zusehends Frankreich anzunähern. Am 12. Juni 1552 fällt Verdun an Frankreich. Als Heinrich II. die Stadt und den Bischofssitz besetzt, wird er vom Bischof Nicolas Psaume und Kardinal Charles de Guise empfangen. Zu diesem Anlass spricht er sich gegen das Patriziat und für das "Gemeinwohl" aus, mit anderen Worten "für die armen Bürger, Schirmbürger und Einwohner der Stadt". Heinrich II. verleiht dem Bischof die für seine Zwecke erforderlichen Machtbefugnisse. In der Nacht vom 2. September 1552 wehrt letzterer die zweitausend Hugenotten des Prinzen von Condé ab und beweist dem

[1] Goldene Bulle: Eine Reihe von Erlassen und Gesetzen des Heiligen Römischen Reiches.

🡻 Wie ein kleines Schlösschen: Das Stadttor *Porte Chaussée* mit seinen beiden dreistöckigen Rundtürmen wurde von 1754 bis 1890 als Militärgefängnis genutzt. Heute steht dieses herrliche Beispiel mittelalterlicher Militärarchitektur unter Denkmalschutz.

DAS STADTTOR *PORTE CHAUSSÉE*

Die um 1380 im gotischen Stil erbaute *Porte Chaussée* war das Haupttor der Stadt. Das Prachtstück der großen Stadtmauer von Verdun besteht aus zwei mächtigen Rundtürmen, die mit einer Brüstung, Zinnen und Pechnasen versehen sind. Der Bogengang wird durch ein Fallgitter aus Holz verschlossen, über dem sich ein Giebeldreieck aus dem Jahre 1690 befindet. Ab 1754 diente das Bauwerk als Militärgefängnis. Von der Stadt gelangte man über die heute verschwundene Zugbrücke auf das rechte Maas-Ufer Richtung Metz. In der Schlacht um Verdun marschierten die französischen Truppen auf ihrem Weg zur Frontlinie durch dieses Tor, das heute Wahrzeichen der Stadt ist.

Der ehemalige Bischofssitz von Verdun beherbergt heute das Weltfriedenszentrum *Centre mondial de la Paix, des Libertés et des Droits de l'homme.* Offiziell wurde das Zentrum im Sommer 1994 eröffnet.

DER BISCHOFSPALAST

Nachdem der Bischofspalast im Mittelalter unzähligen Kriegen und Bränden zum Opfer gefallen war, ließ Nicolas Psaume ihn im 16. Jh. niederreißen und stattdessen ein viereckiges Renaissance-Gebäude über dem Maas-Tal erbauen. Als das Bauwerk zusammenzufallen drohte, ließ Bischof de Hallencourt vom königlichen Architekten Robert de Cotte und dessen Sohn einen neuen Palast errichten. Die Arbeiten wurden 1725 aufgenommen und 1780 abgeschlossen.

Das Herrenhaus mit einem Zentralgebäude und zwei Vorbauten diente im Laufe der Geschichte verschiedenen Zwecken: 1792 richtete sich hier der preußische Generalstab ein, 1823 wurde es erneut Bischofssitz und 1916 schließlich Militärkrankenhaus. Seit 1989 beherbergt es das *Weltfriedenszentrum.*

Bischofssitz und Parkanlage.
Sammlung Christian Le Corre.

König von Frankreich dadurch, dass er die ihm zugeteilte Macht geschickt einzusetzen weiß.
Doch im Jahre 1552 ist die hochverschuldete Stadt nur noch ein unbedeutender Marktflecken, in dem die Anzahl der Armen immer mehr zunimmt und Gebäude, Brücken und Schleusen zusehends verfallen. Zwischen 1585 und 1595, als in Frankreich Religions- und Erbfolgekriege wüten, wird Verdun zum Protektorat Lothringens. Erst am Ende des französisch-spanischen Krieges (Juni 1598) gelingt es den französischen Truppen, das nun noch mehr geschwächte Verdun wieder in ihren Besitz zu bringen. Es folgt eine lange Friedenszeit, in der die Stadt aufblüht und zu neuem Wohlstand gelangt. 1606 wird Verdun politisch dem französischen Rechtsraum angeschlossen und bricht so endgültig mit dem Heiligen Römischen Reich. 1627 wird die französische Oberhoheit von den Einwohnern von Verdun anerkannt und 1648 die französische Herrschaft über die drei Bistümer[2] im Westfälischen Frieden von Münster rechtlich bestätigt.

[2] Metz-Toul-Verdun.

↑ Warte oder Schilderhäuschen auf dem Festungswall der Zitadelle.

↗ Eingang der Zitadelle.
Sammlung Monique Sclaresky.

DIE ZITADELLE UND DIE STADTMAUER

Im Jahre 1552 war die Ober- und Unterstadt vor dem Bau der Zitadelle von Verdun von einer geradlinigen Festungsmauer ohne jegliches Bollwerk umgeben. Da sie nur allzu leicht von der gegnerischen Artillerie eingenommen werden konnte, ließ Heinrich II. eine Zitadelle erbauen und anstelle der alten Mauern eine beeindruckende Befestigungsanlage errichten. Kaum waren einige Gräben ausgehoben und vereinzelte halbmondförmige Mauerabschnitte gebaut, mussten die Arbeiten aufgrund der Religionskriege eingestellt werden. Erst Heinrich IV. nahm das Bauvorhaben wieder auf. Obwohl der Grundriss der Zitadelle bereits 1601 vorlag, wurde erst im Jahre 1624 mit den Arbeiten begonnen. Hierzu wurde die gesamte Bevölkerung herangezogen: Bourgeoisie und Adel mussten finanzielle Unterstützung leisten, die Dörfer um Verdun die Arbeitskräfte stellen. 1626 wurde ein neuer Plan aufgestellt und 1631 die ersten Arbeiten abgeschlossen.

Ab 1674 wurden unter der Leitung von Vauban weitere Arbeiten zur Fertigstellung der Zitadelle angestrengt, die nach einer Unterbrechung im Jahre 1692 erst 1698 wieder aufgenommen wurden. Die neu errichtete Befestigungsanlage umschloss die gesamte Stadt und den Vorort Pré. Doch für Vauban blieb die Stadt weiterhin verwundbar und so entwarf er neue Pläne, die jedoch aus finanziellen, vielleicht auch strategischen Gründen, niemals realisiert wurden. So errang die Festung Verdun niemals die strategische Vorrangstellung, die sie in der französischen Militärarchitektur hätte beanspruchen können.

Verdun im Jahre 1792 (nach Chaligne)

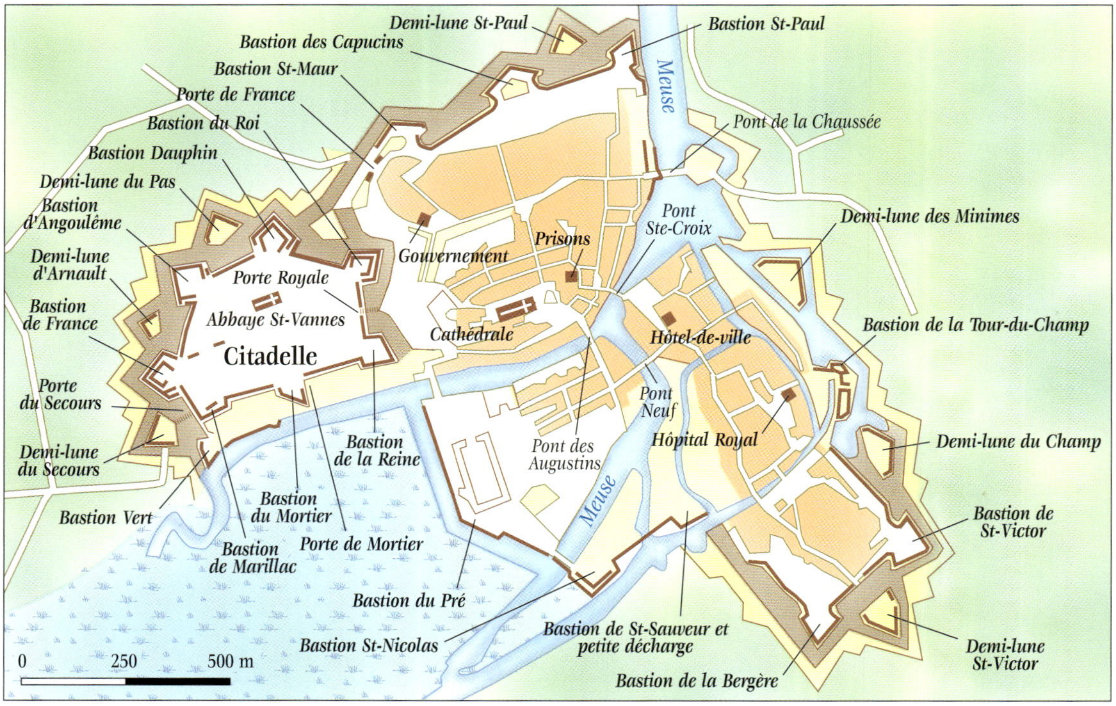

Verdun im doppelten Wandel

Die von nun an unter französischer Herrschaft stehende Stadt Verdun durchläuft zwei Umwandlungen. Zunächst entwickelt sie sich zu einer Festung. Aufgrund der herrschenden Unsicherheit im Norden der Stadt verstärkt Vauban 1675 die Befestigungen im Norden und anschließend den südlichen Stadtteil. Bis 1690 ähnelt Verdun einer riesigen Baustelle. Innerhalb von zehn Jahren baut der 1678 zum französischen Festungsbaumeister ernannte Vauban die Stadt von Grund auf um und macht aus ihr eine wahre Festungsstadt. Die von Vauban angestrengten großen Umbauten führen zu einem wirtschaftlichen Aufschwung. Doch trotz der neuen Anziehungskraft ist auch dieses Mal die Wiederbelebung der Stadt durch die Hungersnot von 1693 und den spanischen Erbfolgekrieg bedroht, in dem Verdun die Logistik für die Armee übernimmt. Als Friede einkehrt, sind alle Berufsstände mit Ausnahme des Klerus bankrott, der seine Einnahmen weiterhin bezieht, aber keinerlei politischen Einfluss hat. Während der langen Friedensperiode im 18. Jh. erlebt Verdun einen neuen Aufschwung.

Die Bevölkerung wächst und die permanente Stationierung einer Garnison ab 1730 bringt frischen Wind in Wirtschaft und Finanzwesen. Nach dem Bau der Festungsanlage unter Vauban entwickelt sich Verdun zu einer Garnisonsstadt, in der zwei Kasernen für die Infanterie und Kavallerie errichtet werden. Doch auch dieser Aufschwung sollte durch eine finstere Epoche abgelöst werden: Während der österreichischen Erbfolgekriege (1740-1748) und des Siebenjährigen Krieges (1756-1763) schrumpft die Garnison und die Geschäfte gehen zurück. Verdun verelendet erneut. Nach dem Krieg wird die Kaserne Saint-Nicolas auf Anordnung des Königs fertiggestellt. Verdun muss sich verschulden, um den Herrscher zufrieden zu stellen (1769). Zwischen 1775 und 1779 werden weitere Maßnahmen zum Schutz Verduns vor Überschwemmungen ergriffen, wie die "Flussbettreinigung der Maas", damit das Wasser besser abfließen kann und das Risiko eines Staus an den Mühlen gesenkt wird. Durch diese Arbeiten blüht das Wirtschaftsleben Verduns wieder auf. Als jedoch unter Ludwig XVI. immer mehr Soldaten abgezogen werden, sind die Kasernen von Verdun nur noch zu zwei Dritteln belegt.

↑ Rathaus von Verdun (Gartenfront). Hier beging Oberstleutnant De Beaurepaire, Befehlshaber von Verdun, in der Nacht vom 1. auf den 2. September 1792 Selbstmord, da er die Vorstellung der Kapitulation seiner Stadt nicht ertragen konnte. So konnte die preußische Armee durch das Stadttor *Porte Chaussée* in Verdun einfallen.

DAS RATHAUS

Zu Zeiten Ludwigs XIII. ließ sich der wohlhabende, staatliche Kanonenpulver-Hersteller Nicolas Japin an Ort und Stelle des heutigen Rathauses ein Herrenhaus errichten. Im Jahre 1738 erstand die Gemeinde das Bauwerk, das aus einem Mittelgebäude und zwei Seitenflügeln bestand. Trotz der zahlreichen Umbauten verfügt es alles in allem über eine schöne Architektur, darunter eine steinerne Ehrentreppe mit Balustrade aus dem 17. Jh. und einen Ehrensalon mit Säulenumgang aus dem 18. Jh.

Heute sind im *Salle de Verdun* Fahnen, Ehrensäbel und sechsundzwanzig Ehrenmedaillen ausgestellt, die Verdun zur meist ausgezeichneten Stadt Frankreichs machen. Im *Salle des neuf villages de la Grande Guerre* sind Archive und Personenregister der neun Dörfer der Umgebung zu sehen, die 1916 in der Schlacht von Verdun zerstört und nie wieder aufgebaut wurden.

Im Ehrenhof sind vier Kanonen aufgereiht, die an das Durchhaltevermögen und den Mut der Bevölkerung während einer fast dreimonatigen Belagerung der Stadt im Jahre 1870 erinnern. Auch ist der erste Kilometerstein der *Voie sacrée* oder des "Heiligen Wegs" zu sehen, der im ersten Weltkrieg zwischen Bar-le-Duc und Verdun eine bedeutende Nachschubstrecke war.

↓ Rathaus von Verdun. Ehrenhof mit den vier Kanonen, die der Stadt von der französischen Regierung für die Verteidigung Verduns während der Belagerung von 1870 verliehen wurden.

↑ Verdun im ausgehenden 18. Jh. Aus Histoire de la France (Band 3) von H. Martin.
Sammlung Christian Le Corre.

Verdun unter der Besetzung

Die Anfänge der Revolution verlaufen in Verdun ähnlich wie in allen anderen Provinzstädten. Die am 25. Juli in Verdun verkündete Erstürmung der Bastille löst leichte Unruhen aus, wohingegen die Ankündigung der Steuererhebung (Februar/März 1791) eine regelrechte Aufruhr verursacht, die die öffentliche Ordnung zu gefährden droht. Die größte Enttäuschung erlebt die Stadt anlässlich der Bildung der Départements, die Bar-le-Duc und nicht Verdun zur Hauptstadt des Départements Meuse bestimmt (26. Februar 1790). Nach der Flucht des Königs herrscht Unruhe unter der Bevölkerung und die Gemeindeverwaltung sorgt sich um ihre Garnison und ihren Stadtwall. So wird aufgrund der Gefahren, denen Verdun im Falle einer Invasion ausgesetzt ist, ein Offizier der Armee von Sedan als oberster Stadt- und Garnisonskommandant nach Verdun entsandt.
Am 29. August 1792 wird der Belagerungszustand ausgerufen und nach zwei Aufforderungen und einem Artillerieangriff marschiert die preußische Armee in Verdun ein. Die Belagerung ist jedoch nur von kurzer Dauer, da die Franzosen die Stadt nach der Kanonade von Valmy zurückerobern. Als Vergeltungsmaßnahme werden fünfunddreißig Bürger von Verdun vom Revolutionstribunal wegen Landesverrat zum Tode verurteilt.

Eine Kreisstadt von ländlicher Prägung

Die Jahre 1794 bis 1797 sind von politischen Unruhen gekennzeichnet. Rücktritte und Amtsenthebungen sind an der Tagesordnung und die gemäßigte Bourgeoisie aus Kleinbürgern, Anwälten, Ärzten, usw. gelangt in den Gemeinderat.
Während des Kaiserreichs und bis ins Jahr 1814 bemüht sich die Stadt Verdun hauptsächlich um die Besserung ihrer Finanzlage. Ab 1830 wird die wieder erlangte Stabilität vier Jahre lang durch die Julimonarchie geschwächt. Wirtschaftliche Schwierigkeiten kommen auf, da sich die meisten Tätigkeiten nicht in der Stadt selbst sondern

DRAGÉES AUS VERDUN

Die Spezialität der Stadt geht auf einen Apotheker zurück, der 1220 die Idee hatte, die Mandeln für sein Gebäck mit Zucker und Honig zu kandieren und zu härten. So entstand das Dragée, bekannt unter der Bezeichnung *Epice*. Erst um 1600 erhielt die Köstlichkeit seine heutige Mandelform mit dem harten und glatten Überzug.

Die Dragées sind eng mit der Stadtgeschichte verbunden, da sie Königen und anderen ehrenhaften Gästen auf der Durchreise angeboten wurden. Heinrich III. kam bei seiner Salbung in den Genuss dieser Süßigkeit und Napoléon I. machte auf seinem Rückzug aus Russland in Verdun Halt, um hier für seinen Sohn, den König von Rom, ebenfalls Dragées aus Verdun zu erstehen. Noch heute setzen die Ratsmitglieder die Tradition fort und überreichen den Staats- und Regierungschefs, die die Stadt besuchen, eine mit dem Wappen der Stadt versehene Dragée-Schale.

Dragées aus Verdun: eine traditionelle Spezialität mit Zukunft.

↑ Verdun -
die Oberstadt.
Sammlung Christian Le Corre.

↗ Verdun - das Stadttor
Porte Chaussée.
Sammlung Christian Le Corre.

im Umland entwickeln. So wird die Eisenbahnlinie Paris-Straßburg nicht durch Verdun sondern durch die im Süden des Départements gelegene Stadt Bar-le-Duc geführt. Verdun muss sich bis 1869 gedulden, um über eine äußerst schlecht ausgebaute Strecke Anschluss an das Eisenbahnnetz zu erhalten. Auch die Maas wird erst unter dem zweiten Kaiserreich kanalisiert. Zu diesem Zeitpunkt hat die Stadt den Anschluss an das Handelsnetz jedoch bereits verpasst und ihre wirtschaftliche Entwicklung ist gehemmt. Im Hafen werden ausschließlich Schienen aus Hayange abgefertigt, was ihm den Beinamen *Eisenlager* einbringt. Von den dreizehn Dragee-Fabriken, die am Vorabend des zweiten Kaiserreichs in der Stadt ansässig sind, exportieren nur sechs nach Deutschland und in die Schweiz. Zwischen 1810 und 1812 steigt die Anzahl der Gerbereien auf zwölf, fällt aber bis 1848 wieder auf zwei ab. Auch das Handwerk kämpft ums Überleben. Die geschwächte Produktion erfordert nur wenige Arbeitskräfte und so sind immer weniger Stellen verfügbar. Dank einer guten Verwaltung der öffentlichen Gelder setzt jedoch nach und nach die Modernisierung der Stadt ein. So werden in den bürgersteiglosen, finsteren Straßen Laternen installiert (1847), eine Markthalle und ein Schlachthof entstehen, die Holzpfeiler der Brücken werden zwischen 1848 und 1870 durch Metallträger ersetzt, neue Straßen werden gebaut und Kirchen restauriert. Diese unter der III. Republik fortgesetzten städtebaulichen Neuerungen verleihen der Stadt den Grundriss von 1914. Trotz all dieser Bemühungen bleibt Verdun eingeschlossen von Militärbauten und Stadtmauern, die jegliche Ausdehnung verhindern. In der überbevölkerten Stadt breiten sich immer mehr Elend und Armut aus und die große Kreisstadt scheint in der Mitte des 19. Jh. unabwendbar der Abgeschnittenheit ausgeliefert.

→ Verdun - die Brücke
Pont-neuf.
Sammlung Christian Le Corre.

Der Krieg von 1870 und seine Folgen

Am 16. Juli 1870, drei Tage vor der französischen Kriegserklärung an Deutschland, ist Verdun keinesfalls für einen Konflikt gewappnet: Die Befestigungsanlage ist trotz der Ausbesserungsarbeiten in schlechtem Zustand, die Reservisten sind unzureichend betreut, die Kasernen bieten nicht genügend Platz und die erst Anfang August zusammengestellte Nationalgarde verfügt über schlechte bzw. unzureichende Ausrüstungen. Am 10. August wird in Verdun der Belagerungszustand ausgerufen und am 20. dringen die preußischen Truppen in die Stadt ein. Alle Aufforderungen, sich zu ergeben, werden vom Stadtkommandanten zurückgewiesen. Die Stadtbevölkerung hält der Belagerung stand, doch als Metz am 27. Oktober kapituliert, ist auch Verdun verloren. Am 8. November wird die Belagerung der Stadt durch ein Übergabeabkommen beendet, Unteroffiziere und Soldaten werden gefangen genommen, nicht aber die Offiziere. Für die Franzosen beginnt eine lange Besatzungszeit, die mit der vollständigen Begleichung der französischen Reparationszahlungen in Höhe von fünf Milliarden Goldfranc am 13. September 1873 endet. Beschlagnahmungen sind an der Tagesordnung und die Einwohner von Verdun verpflichtet, den deutschen Soldaten Unterkunft zu gewähren. Verdun ist die letzte französische Stadt, aus der die preußischen Truppen abziehen. Mit der im Frieden von Frankfurt am Main (10. Mai 1871) beschlossenen Rückgabe Elsass-Lothringens an das Deutsche Reich liegt Verdun nun an der schlecht geschützten deutsch-französischen Grenze - und ist einer eventuellen neuen deutschen Offensive schutzlos ausgeliefert.

↑ Verdun im Jahre 1873: Abzug der Deutschen und Einzug der Franzosen. *Le Monde Illustré*, 1873. Sammlung Christian Le Corre.

Verdun am Vortag des 1. Weltkriegs: *Festungs- und Garnisonsstadt*

➧ Fort Vaux. Die Gedenktafel erinnert an die französischen Soldaten, die sieben lange Tage (1. bis 7. Juni 1916) den deutschen Angriffen standhielten.

Ab 1873 schlug General Séré de Rivières[3] vor, einen doppelten Verteidigungsring aus großen Forts und anderen Befestigungsanlagen zu errichten. Im Norden verlief die Linie von Toul entlang der Maas-Höhen bis Verdun und im Süden von Belfort entlang der Vogesen und der Mosel bis Epinal. Dieser *Verteidigungsgürtel* bestand aus Forts und Befestigungswerken zur Überwachung der Einfallstraßen sowie aus Feldstellungen, Bunkern und Unterständen zum Schutz der wachhabenden Truppen. Doch für Verdun, das gegenüber der deutschen Stadt Metz liegt und der Gefahr unmittelbar ausgeliefert ist, bieten diese Anlagen unzureichenden Schutz. So wird im Juli 1874 ein Dekret erlassen, das den Bau von "sechs großen Forts und sieben weiteren Verteidigungsanlagen" zum Schutz der Stadt vorsieht.

[3] General Séré de Rivières (1815-1895). Als Sekretär des Verteidigungsausschusses (Comité de Défense) nahm er an Studien zum Wiederaufbau der französischen Verteidigungsanlagen teil. 1874 wurde er zum Leiter des Bauwesens (Service du Génie) ernannt.

➧ Bourges-Kasematte.

"LES DÉFENSEVRS DU"
TEXTE OFFICIEL DE LA REDDITION DU FORT

Die neunzehn Forts von Verdun

Die deutsch-französischen Spannungen von 1875 treiben die Bauarbeiten der sieben Festungswerke (fr. *Redoute*) oder den so genannten *Panikforts* für die Artillerie voran: Belleville, Saint-Mihiel, Belrupt, Dugny, Regret, La Chaume und Marre. Doch auch diese Forts reichen nicht aus, um die Stadt vor einer Überraschungsoffensive aus dem Osten zu schützen. So werden bis 1885 weitere Forts gebaut: Tavannes und Souville über der Woëvre-Ebene, die Forts Rozelier und Haudainville an der Straße nach Metz und die sieben Forts Vaux, Sartelles, Bois-Bourru, Landrecourt, Choisel, Douaumont und Chana.
Mit dem Bau dieser Forts liegt Verdun nun inmitten eines doppelten Festungsrings. Ab 1885 halten technische Errungenschaften Einzug in den Festungsumbau: Die Artillerie, die zuvor im Fort versammelt war, wird auf verschiedene Batteriestellungen verteilt und es entstehen zusätzliche Infanterie-Stützpunkte. Nachdem die Arbeiten zwischen 1890 und 1899 ins Stocken geraten waren, werden sie augrund der internationalen Spannungen zu Beginn des 20. Jh. wieder stärker vorangetrieben. So verfügt Verdun im August 1914 über einen Verteidigungsring aus neunzehn Infanterie-Stützpunkten und neunzehn Forts, von denen vierzehn betoniert und mit gepanzerten Geschütztürmen ausgestattet sind. Doch auch dieses Befestigungssystem kann nicht über die Tatsache hinwegtäuschen, dass ein Großteil der Geschütze veraltet ist.

DAS FORT TAVANNES

Im Nord-Osten von Verdun liegt zwischen den Forts Vaux und Souville das Fort Tavannes, das zum Schutz der Straße zwischen Étain und Verdun errichtet wurde. 1916 erlitt es durch wiederholten deutschen Artilleriebeschuss starke Beschädigungen, konnte jedoch während der gesamten Kriegsjahre nicht von den deutschen Truppen eingenommen werden.

🡇 Stollen im Fort Vaux.

↖ Fort Troyon. Mittlere Kasematte. Der Einsturz wurde durch zwei Granaten verursacht. Dem Widerstand des Forts im September 1914 ist zu verdanken, dass Verdun nicht in deutsche Hand fiel.

↑ Fort Troyon. Durch Granaten beschädigtes Gewölbe.

← Fort Douaumont auf der Höhe 388: ein strategischer Beobachtungsposten.

Die Militärstadt Verdun

Im Jahre 1875 wird der Osten Frankreichs und somit auch Verdun einer umfangreichen Remilitarisierung unterzogen. Innerhalb der Stadtmauern entwickelt sich eine wahre Militärstadt. Zählte Verdun im Jahre 1881 knapp 3.000 Soldaten, sind es im Jahre 1900 bereits 14.000 und im Mai 1914 schließlich 27.000. Hinzu kommen mindestens 5.000 Arbeiter, die am Bau der Militärgebäude beteiligt sind. Kurz: Im Mittelpunkt des städtischen Lebens steht die Garnison mit ihren Höhepunkten wie beispielsweise die Ankunft der Einberufenen, Militärparaden (z.B. am 14. Juli) usw.

⬅ Links: An Stacheldraht vorbei führt ein Pfad die Besucher zu den Schlachtfeldern, die als Gedenkstätten weiterleben.
Unten: Gepanzerte Beobachtungsglocke.

⬆ Fort Vaux, nord-östlicher Pfeiler des Verteidigungsgürtels von Verdun. Das Fort wurde zwischen 1881 und 1884 erbaut und 1888 verstärkt.

⬆ Unterirdische Kasematte.

⬇ Fort Douaumont.
Innenhof.

1. Weltkrieg:
Die Schlacht von Verdun

➧ Kasematten in der Zitadelle von Verdun. Kriegsskizze von François Flameng. *L'Illustration* vom 23. September 1916.
Sammlung Christian Le Corre.

Auch wenn die tatsächliche Schlacht um Verdun erst im Februar 1916 beginnt, werden die Stadt und das Umland bereits in den ersten Augusttagen 1914 in den Konflikt hineingezogen, als die 3. und 4. französische Armee und die Reservedivisionen an der Maas zusammengezogen werden und deren Befehlshaber General Maunoury sein Hauptquartier in Verdun einrichtet. Ab dem 18. August marschieren die beiden Armeen in Richtung Ardennen, sehen sich aber schon bald zum Rückzug gezwungen. Am 25. August verschlechtert sich die Lage eines Großteils der französischen Armee. Als an der Westfront der deutsche Durchbruch droht, ordnet General Joffre

➧ Heute ist Gras über die Schlachtfelder gewachsen – doch der malträtierte Boden zeugt noch immer von dem starken Artilleriebeschuss.

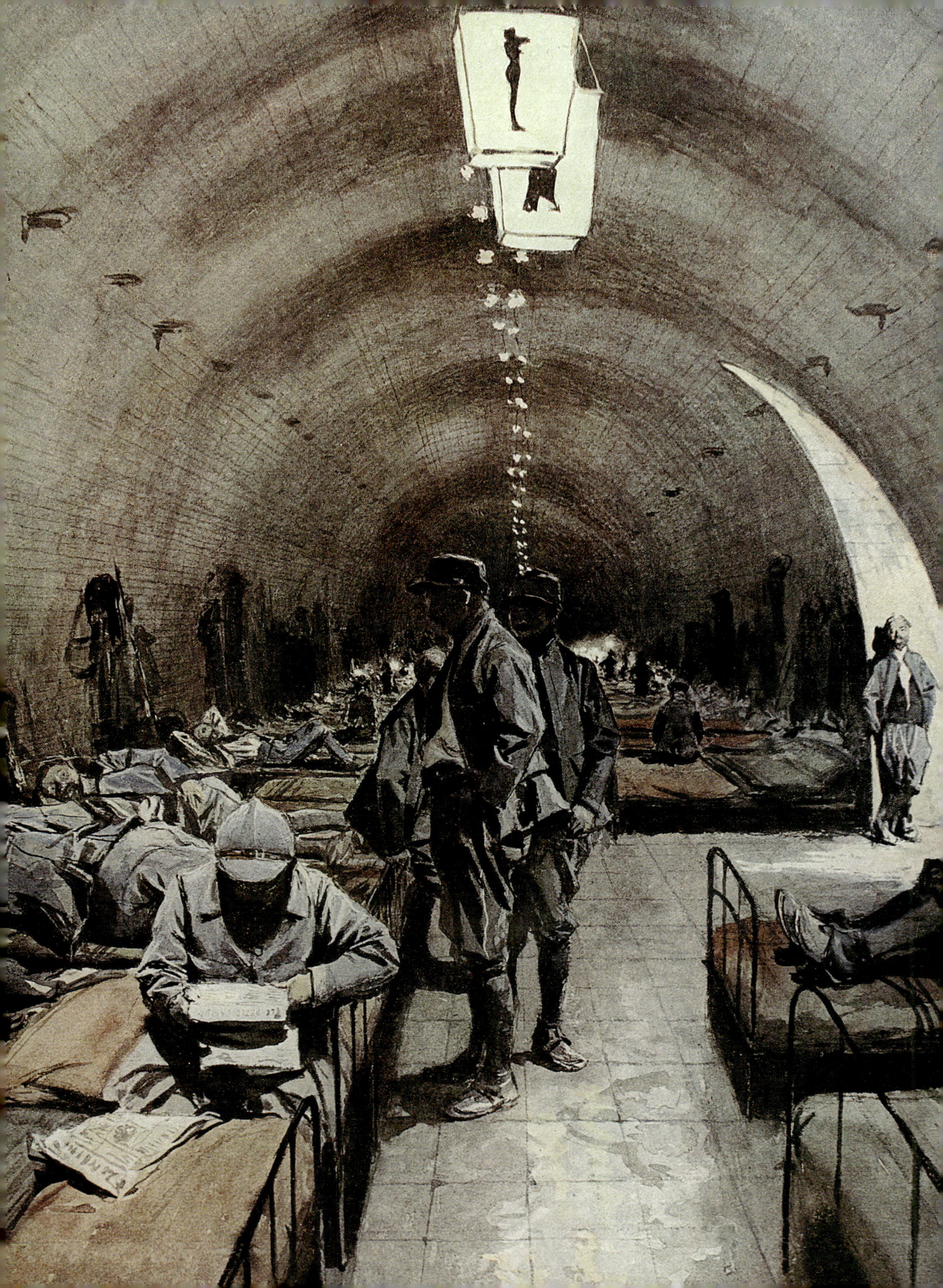

← Am 30. August 1914 übernahm General Sarrail den Befehl über die 3. Armee.

↑ Vermutlicher Laufgraben

↓ Das Dorf Fleury-devant-Douaumont gehörte zur sogenannten "roten Zone". Jedes Jahr findet eine Gedenkfeier nahe der kleinen Kapelle statt, die nach dem Krieg errichtet wurde. An der Vorderseite wurde 1979 die Statue *Notre-Dame de l'Europe* eingeweiht.

den allgemeinen Rückzug an. Im Norden von Verdun führt die vom neuen Kommandanten General Sarrail angeführte 3. Armee verschiedene Offensiven durch, tritt aber am 1. September 1914 den Rückzug an. Gleichzeitig rücken die deutschen Truppen immer weiter vor und scheinen Paris östlich umgehen zu wollen. Die so geschwächte Flanke bietet den französischen Truppen eine Angriffsmöglichkeit, die von General Joffre in seiner Offensive vom 6. September genutzt wird. Dies ist der Auftakt zur Marneschlacht. Zu dieser Zeit befindet sich Verdun inmitten zweier Kriegsschauplätze: Im Osten kämpfen die Armeen von Dubail und De Castelnau und im Westen die von Sarrail, De Langle de Cary, Foch, Franchet d'Esperey und Maunoury. Hinzu kommen die britischen Truppen und natürlich die Pariser Armee. Lange Zeit ist der Ausgang der Schlacht ungewiss, bis sich die Deutschen am 10. September nach Osten zurückziehen, um eine Verteidigungsstellung einzunehmen. Hierdurch stabilisiert sich die Front an den Linien Pont-à-Mousson-Étain am rechten und Étain-Vauquois am linken Maas-Ufer. Lediglich die Gegend um Verdun springt in die deutschen Reihen hervor. Am 15. September richtet General Sarrail erneut sein Hauptquartier in Verdun ein. Während General Joffre im sogenannten *Wettlauf zum Meer* nach Norden vorzupreschen versucht, greifen die deutschen Truppen Saint-Mihiel an und durchbrechen den französischen Verteidigungsgürtel zwischen Les Éparges und Pont-à-Mousson. Am 22. September greift die Schlacht auf die Argonnen über. Varennes-en-Argonne und schließlich Boureuilles fallen in deutsche Hand. Am 24. September besetzen die Deutschen das Dorf Vauquois, das als außergewöhnlich wichtiger Beobachtungspunkt und strategischer Riegel galt. Die deutschen Angriffe auf den Maas-Höhen und in den Argonnen lassen am 29. September nach. Beide Armeen festigen ihre Stellung.

🡅 Feldzug von 1914. General Joffre.
Sammlung Monique Sclaresky.

🡇 Die Gräben des Fort Troyon. *L'Illustration* vom 3. Juni 1916.
Sammlung Christian Le Corre.

⬆ Truppenverpflegung in den Argonnen.
Sammlung Monique Sclaresky.

⬈ Die Kirche von Clermont-en-Argonne nach den Bombardements.
Sammlung Monique Sclaresky.

⬇ Artilleristen beim Holzsammeln.
Sammlung Monique Sclaresky.

Die Kämpfe in den Argonnen

Der feuchte Argonnerwald ist Schauplatz zahlreicher brutaler Kriegshandlungen, die auf beiden Seiten zu schweren Verlusten führen und zudem keinem der Gegner nennenswerte Gebietsgewinne einbringen. Nach unzähligen misslungenen Versuchen, das Dorf Vauquois zurückzuerobern, gelingt es den Franzosen endlich, das völlig verwüstete Dorf zu erreichen und ihre Stellung auf dem Hügel zu verteidigen. Es bricht ein regelrechter Minenkrieg aus: Deutsche und französische Mineurtrupps graben Kilometer lange Kampfstollen und legen Sprengladungen, die mit jeder Explosion ungeheuerliche Trichter in den Boden reißen, in welchen die Soldaten verschüttet und die Spuren des Dorfes zusehends verwischt werden. Auch die westlicher gelegene Gegend Haute-Chevauchée bleibt nicht vom Minenkrieg

DER HÜGEL VON VAUQUOIS

Vom Flugzeug aus gesehen ähnelt der Hügel von Vauquois einer Mondlandschaft. Tausende von Tonnen Sprengladungen des Minenkriegs haben den Boden gebrandmarkt, zerstört, ja ausgelöscht. Heute liegt der Scheitelpunkt von Vauquois 18 m tiefer als 1914.

An der südlichen Dorfausfahrt befindet sich in 1,5 km ein Soldatenfriedhof, auf dem 4.368 Soldaten begraben sind, darunter 1.970 in einem Beinhaus. 1926 wurde auf dem Hügel ein Denkmal für die Soldaten und Toten von Vauquois eingeweiht *(Aux combattants et aux morts de Vauquois)*, in dessen oberem Teil hinter vier steinernen Schwertern ein Totenlicht brennt. Auf der Vorderseite des Denkmals stellt ein in Stein gemeißeltes Bild die Schützengräben und die schweren Kämpfe von 1915 dar.

Ein beschilderter Rundgang führt durch die Granattrichter auf der Vauquois-Höhe. Auch die deutschen und französischen Stollen können in unterirdischen Führungen besichtigt werden, die vom französischen Verein *Les Amis de Vauquois* organisiert werden.

Dort, wo heute Sprenglöcher, Granattrichter und ein Mahnmal an die 10.000 hier begrabenen Soldaten erinnern, stand einst ein 160-Seelen-Dorf, das am 9. September 1920 mit dem französischen *Orden der Armee* ausgezeichnet wurde.

Das vom Bildhauer Marius Roussel geschaffene Denkmal von Vauquois, das den Soldaten und Gefallenen von Vauquois gewidmet ist.
Foto des Autors.

verschont. Als die deutsche Oberste Heeresleitung den Entschluss fasst, ihre Angriffe auf einer Front von 3 bis 4 km auszuführen, besetzen deutsche Truppen als erstes den Bahnhof von Les Islettes, der für die französische Truppenversorgung in diesem Sektor von großer Bedeutung ist. Doch das Durchhaltevermögen der Franzosen ist größer als die Kampfeslust und die Mittel des Gegners. Am 13. Juli 1915 werden die siegessicheren Deutschen von den Reservisten des 5. französischen Armeekorps mit dem Bajonett zurückgedrängt. Nachdem die deutsche Offensive gestoppt ist, breitet sich eine gewisse Ruhe aus. Doch bis 1918 ertönen im gesamten Argonnerwald unzählige Sprengungen und Granatenangriffe.

Vauquois.

Die Gegend Haute-Chevauchée

Schon zu früheren Zeiten zogen die Invasoren durch die Argonnen. Im 1. Weltkrieg entwickelt sich die Gegend aufgrund ihrer geografischen Lage zu einem strategisch wichtigen Stützpunkt zwischen der Region Champagne und der Stadt Verdun. So versuchten die Deutschen seit 1914, Verdun von seinen westlichen und östlichen Nachschublinien abzuschneiden. Im Laufe des Jahres 1915 finden zehrende Kämpfe in den Waldgebieten statt, die aufgrund zahlreicher Anhöhen und Schluchten für Offensiven der Infanterie wie geschaffen sind. General Sarrail spricht von einem "unerbittlichen Kampf, der weder am Tag noch in der Nacht nachlässt". Die Angriffe kosten unzähligen Soldaten das Leben und bringen keiner Seite nennenswerte Gebietsgewinne. Als die deutschen Truppen am Ende des Jahres die Angriffe einstellen, beginnen mit dem Minenkrieg noch verfänglichere und schrecklichere Kämpfe.

Am 26. September 1918 leitet die amerikanische Armee im Gebiet Haute-Chevauchée ihre Offensive ein, die den künftigen Oberbefehlshabern Patton und Bradley die Gelegenheit bieten, sich zu behaupten.

Heute führt ein ausgeschilderter Pfad mit Erklärungstafeln durch das Kampfgebiet. Ebenfalls zu besichtigen sind das Beinhaus des Architekten Bolloré und Bildhauers Becker, der wiederhergestellte Kaiser-Tunnel mit seinem Lazarett und einem 350 m langen Hauptgang und der mit blauen, weißen und rosafarbenen Hortensien bepflanzte Soldatenfriedhof La Forestière.

Haute-Chevauchée.
© Comité du tourisme de la Meuse/Michel Petit.

Erholungspause für die französischen Soldaten *Poilus*.

Die Kämpfe von Les Éparges

Mit den Anhöhen von Les Éparges nehmen die Deutschen eine strategisch wichtige Stellung ein. Das Gebiet, das sich parallel zu den Gefechtslinien zwischen der Woëvre-Ebene und den Maas-Ufern dahinzieht, überragt die Gegend in 345 m Höhe gleich einem "Felsvorsprung". An dem bewaldeten Hügel mit seinen steilen Hängen liefern sich die gegnerischen Truppen in scheinbar unaufhörlichen Angriffen und Gegenangriffen unerbittliche Kämpfe. Erst nach acht harten Kampfwochen gelingt es den Franzosen, das Gebiet fast vollständig einzunehmen. Doch wie in Vauquois wird auch hier der schreckliche Minenkrieg fortgesetzt.

Von September 1914 bis Juli 1915 versucht Deutschland vergebens, die Festungsstadt Verdun durch verschiedene Angriffsarten zu bezwingen. Schließlich wird ein anderer Sektor, nämlich die Region Champagne, zum Schauplatz der deutschen Offensiven. Abgesehen von Vauquois im Westen und Les Éparges im Osten, wo ununterbrochen gekämpft wird, wägt sich die Stadt aufgrund ihres Verteidigungsgürtels in Sicherheit und gewöhnt sich an den Kriegszustand in einer zugegebenermaßen relativ ruhigen Region. So stellt sich angesichts der gut ausgebauten Verteidigungsanlagen im Jahre 1915 die Frage, welche Rolle den zahlreichen Forts und Zwischenwerken in diesem Krieg zukommt. Diese Überlegung geht allerdings auf die Vorkriegsjahre zurück, als die einzige Strategie des französischen Generalstabs in der "Offensive bis zum Äußersten" bestand.

Les Éparges. Befehlsstand.

Truppe beim Appell vor der Musterung.

LES ÉPARGES

In Les Éparges befindet sich heute eine der wichtigsten Gedenkstätten des 1. Weltkriegs. Die vom Erinnerungskomitee *Association nationale du Souvenir de la bataille de Verdun* angelegten Wege führen am französischen Soldatenfriedhof Le Trottoir vorbei, auf dem 2.960 identifizierte Soldaten begraben liegen, sowie an den Denkmälern *Monument du 106*ᵉ R.I. des Bildhauers Maxime Real Del Sarte, *Monument du Coq* und *Point X Entonnoirs*. All diese Mahnmale drücken das Leid und den Mut der unzähligen Soldaten aus, die an den Kämpfen beteiligt waren. Maurice Genevoix, der in Les Eparges kämpfte, fasst die Situation in wenigen Zeilen wie folgt zusammen: "Das Härteste, was unsere Soldaten während der Kämpfe aushalten mussten, und was sie zu wirklichen Helden machte, war der Schlamm, dieser ewige Schlamm [...]. Am Tag vor unserem Angriff war er zäher und klebriger als je zuvor. Man hätte meinen können, wir gingen von Kopf bis Fuß mit Schlamm beschmiert in den Tod."

↓ Les Éparges.
L'Illustration
vom 3. Juni 1916.
Sammlung Christian Le Corre.

🡸 Les Éparges.
Ein bronzener gallischer Hahn ziert das Denkmal *Monument du coq*.

🡺 Les Éparges. Der Bildhauer Lefebvre-Klein aus Reims schuf das Denkmal *Monument du coq* zu Ehren der Soldaten der 12. Infanteriedivision, die sich im April 1915 durch die Einnahme des Bergkamms hervortaten.

🡾 Les Éparges. *Monument du 106ᵉ RI* des Bildhauers Maxime Del Arte. Auf dem pyramidenförmigen, "gespenstischen" Werk thront ein steinerner Menschenkopf. Im vorderen Teil des Denkmals wurden Schädel und Knochen der Gefallenen angehäuft. Foto des Autors.

Das Dekret vom 5. August 1915

➧ Beobachtungsballon.

➧ Gräben der Zitadelle von Verdun. Kriegsskizze von François Flameng. *L'Illustration* vom 23. September 1916. Sammlung Christian Le Corre.

Joseph Joffre betrachtet die Bedeutung der Festung Verdun als eher gering und zieht Ausrüstungen und Trupps ab. Mit dem Dekret vom 5. August 1915 und einer weiteren Verordnung vom 9. August wird Verdun offiziell von einer Festung zum Zentrum der *Région Fortifiée de Verdun* (R.F.V., dt. Befestigte Region von Verdun) herabgestuft. Von nun an kommt der Stadt eine "vorrangig defensive" Rolle zu. Die Abrüstung betrifft vor allem Bauwerke wie das Fort Douaumont, auch wenn für dessen Erbauung umfangreiche Arbeiten angestrengt worden waren. Der Befehlshaber über die R.F.V., General Herr, versucht vergebens, das Ausmaß der Abrüstungsaktionen einzuschränken. Doch aus den Forts werden schwere Geschützbatterien abgezogen und die Garnisonen zahlenmäßig verringert. Bis ans Ende des Jahres setzen sich die Abbauarbeiten fort. Sogar die vollständige Zerstörung des Verteidigungsgürtels wird in Erwägung gezogen. Kriegsminister Joseph-Simon Gallieni und Oberleutnant Emile Driant[4] bringen ihre Beunruhigung zum Ausdruck, doch für General Joffre "besteht kein Grund zur Besorgnis". Ihm zufolge ist es unwahrscheinlich, dass der Feind gerade Verdun angreift. Die Geschichte wird ihn eines Besseren belehren.

[4] ebenfalls Abgeordneter des Départements Meurthe-et-Moselle.

Die Situation von Verdun im Januar 1916

Zu Beginn des Jahres 1916 weist Verdun "teilweise zerstörte" Befestigungen und Verteidigungslinien auf, die "lediglich aus zusammengefallenen Schützengräben bestehen". Pétain beschreibt Verdun wie folgt: "Zwischen diesen Forts und dahinter nichts als Zerfall. Unzählige Schützengräben, die zum größten Teil völlig eingefallen sind. Zerrissene Stacheldrähte, die wie ein unentwirrbares Netz die stark beschädigten Wälder an den Hängen der Maas und die schlammige Woëvre-Ebene

➧ Lachalade (Argonnen). Mit Sandsäcken (links) und eventuell Faschinen (rechts unten) verstärkter Schützengraben.

↑ Lachalade (Argonnen). Stolleneingang.

bedecken." Erschwerend hinzu kommt die offenkundige Desorganisation der Nachschublinien, die bisweilen das Nachrücken der Verstärkungen und die Versorgung gefährdet. Bereits ab Januar 1916 kann anhand von Informationen aus Deserteurkreisen die Vorbereitung einer Offensive in Betracht gezogen werden. Joffre entsendet De Castelnau, um die "Befestigte Region von Verdun" zu inspizieren. Dieser empfiehlt, die Aushebung der Infanteriegräben und den Nachschub zu beschleunigen, betont jedoch gleichzeitig, dass die Lage nicht bedrohlich sei. Nach den fehlgeschlagenen Offensiven im Artois und in der Champagne (1915) gedenkt Joffre, im selben Jahr 1916 eine französisch-britische Gemeinschaftsaktion an der Somme zu starten.

Die Situation auf deutscher Seite

Nach etwa siebzehn Monaten Krieg sind die Deutschen militärisch im Vorteil. An der Westfront halten die Truppen unter Falkenhayn in solider Verteidigungsstellung dem konstanten Druck der Franzosen stand, jedoch machen sich die Auswirkungen der von den Alliierten angestrengten Seeblockade bemerkbar. Deutschland sieht sich mit Versorgungsschwierigkeiten konfrontiert, welche die Kriegsindustrie behindern. Auch die Zivilbevölkerung hat zu leiden. Die schlechten Ernten lassen die Preise steigen und machen eine Rationalisierungspolitik, insbesondere eine Lebensmittelrationierung erforderlich. Angesichts dieser erschwerenden Umstände darf sich der Konflikt keinesfalls länger hinausziehen. Nur ein entscheidender militärischer Sieg über die eine oder andere Seite könnte die Tür zu Verhandlungen öffnen. Falkenhayn, in dessen Augen das Vereinigte Königreich die größte Macht der Entente darstellt, hält es deshalb für angemessen, Frankreich auszubluten, zumal die Franzosen die Grenze ihrer militärischen Anstrengungen erreicht zu haben scheinen. So sucht er nach einem Angriffsziel, für dessen Verteidigung sich die französische Befehlsgewalt bis zum letzten Mann moralisch verpflichtet fühlen würde: Verdun – die französische Prestigestadt *par excellence*.

→ Oben: Deutsche Soldaten mit Maxim-Maschinengewehr. Unten: Deutsche Soldaten posieren für die Nachwelt (1. Februar 1918).

Prosit - Zur Erinnerung
37. J. B.
Sturmschule
Lion
1.2.18
Kochpersonal
Speisetafel

Warum Verdun?

Die Wahl von Verdun hat strategische und moralische Gründe.
Zunächst einmal taktischer Art:
– von französischer Seite aus ist Verdun leicht abzuschotten. Die einzigen Verbindungen bilden die von Bar-le-Duc kommende Départementstraße und eine Eisenbahnstrecke in desolatem Zustand. Auf deutscher Seite hingegen ist das Eisenbahn- und Straßennetz recht gut ausgebaut;
– die französischen Linien vor Verdun laufen spitz zu. So sind sie der deutschen Artillerie ausgesetzt und lassen konvergierende deutsche Vorstöße ausgehend von der Region Varennes-en-Argonne oder von Saint-Mihiel zu;

– die Nähe zur Festung Metz;
– das unebene Relief dieser Region mit seinen Gegenhängen und dichten Waldgebieten.
Und schließlich moralischer Art:
– Verdun ist das "Herz Frankreichs";
– ein Sieg in Verdun würde den Kronprinzen und Sohn des Kaisers zu einem angesehen Sieger machen.

↓ Übersichtskarte des Frontabschnitts von Verdun. *L'Illustration* vom 18. März 1916.
Sammlung Christian Le Corre.

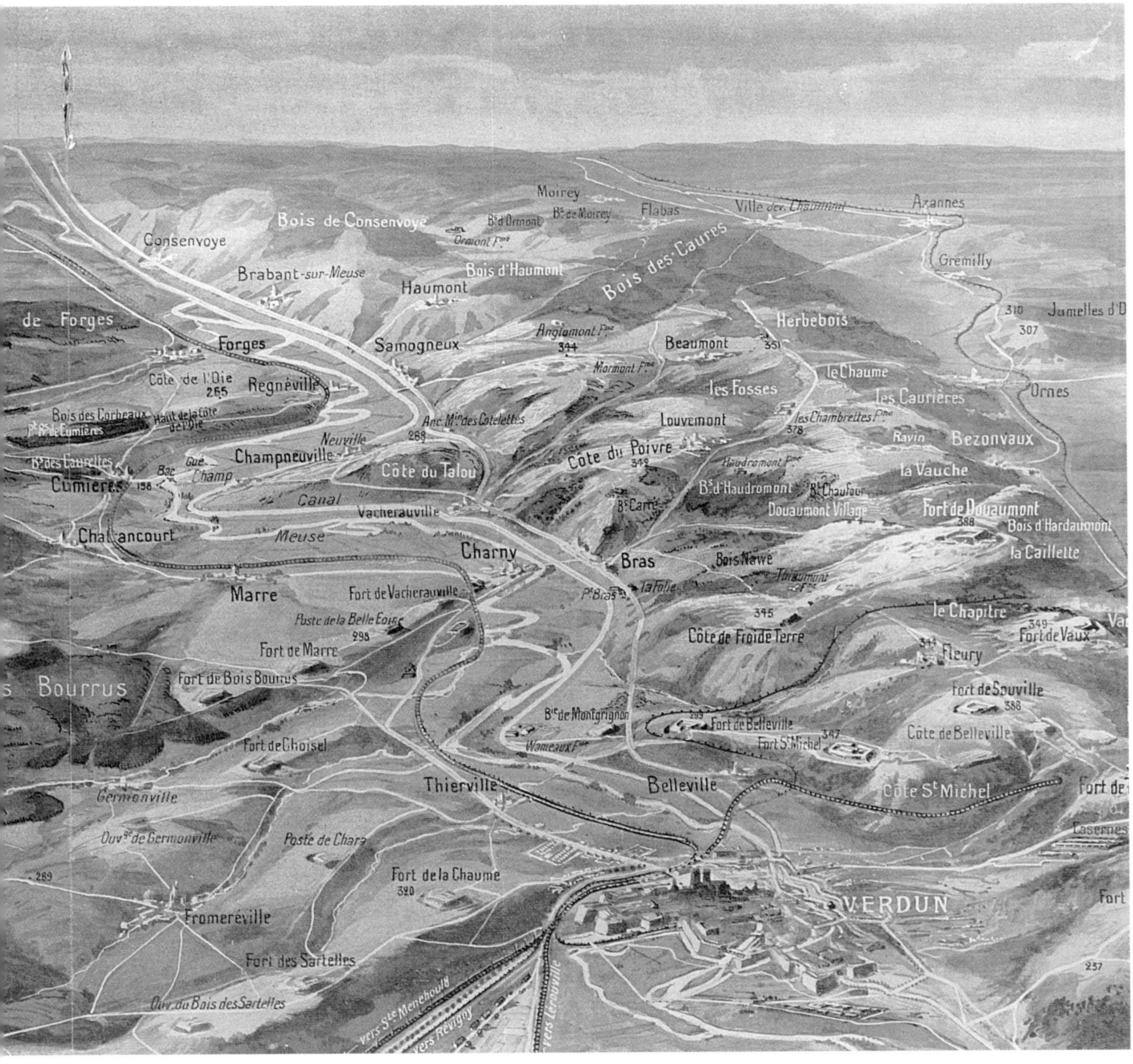

21. Februar: Plötzlich geht die Hölle los…

Am 6. Januar beschließen die Deutschen, Verdun anzugreifen. Es werden Angriffsstellungen ausgehoben, zahlreiche Artilleriegeschosse aufgefahren und ein bedeutendes Flugzeuggeschwader mobilisiert, um die deutsche Offensive vorzubereiten, die von drei Armeekorps durchgeführt werden soll. Nach mehreren Aufschüben starten die Deutschen am 21. Februar ihre Offensive am rechten Maas-Ufer, nachdem sie durch diverse Ablenkungsmanöver an verschiedenen Stellen der Front das Ausmaß ihres Angriffs verbergen konnten. Um 7.15 Uhr beginnt ein neunstündiges Trommelfeuer durch 400 Batterien, das pausenlos auf die französischen Stellungen von Avocourt bis hin nach Les Éparges niedergeht. Um 16.15 Uhr stößt die deutsche Infanterie über eine vom

➧ Küchenwagen. Infanteriewerk La Falouse. Verdun. 1916.

➧ Verletzte Soldaten auf Bahren warten auf Verarztung.

DAS DENKMAL DES OBERSTLEUTNANT DRIANT IM WALD VON CAURES (*)

Seit November 1915 hielt Oberstleutnant Driant und sein 56. und 59. Jägerbataillon im schwer zu verteidigenden Wald von Caures Stellung, in welchem sie mehrere Bunker, darunter einen aus Stahlbeton, sowie Laufgräben zwischen den Verteidigungslinien errichtet hatten. Am 21. Februar 1916 gerät der Wald von Caures unter deutschen Artilleriebeschuss. Den ersten Sturmangriffen leisten die Jäger von Driant Seite an Seite Widerstand. Als am 22. Februar unter Schneefall der Beschuss erneut einsetzt, hält die Verteidigung der beiden Bataillone etwa 30 Stunden, bevor sie in ernsthafte Bedrängnis gerät. Driant, für den das Ende absehbar war, beschließt, sich mit seinen Überlebenden ins Dorf Beaumont zurückzuziehen. Bei diesem Rückzug kommt er um.

In den Nachkriegsjahren entsteht unter dem Vorsitz des Generals De Castelnau ein Ausschuss, der zu Ehren von Driant und dessen Jägern ein Denkmal errichten lässt. Das Mausoleum aus grauem Granit mit Reliefkreuzen, ein Werk des Bildhauers G. Calvet, wird am 22. Oktober 1922 eingeweiht. Um das Denkmal herum befinden sich einige Gräber der beim Angriff umgekommenen Jäger. Die gesamte Ehrenmal-Anlage wird noch am selben Tag dem mit der Denkmalpflege beauftragten Verein *Souvenir Français* übertragen, der 1932 zusammen mit der Gemeinde Beaumont das ganze Gelände neu anlegen lässt. Der in seinem ursprünglichen Zustand von 1918 erhalten gebliebene Befehlsstand von Driant, ein über Betontreppen zugänglicher Stollen, wurde im Juni 1931 unter Denkmalschutz gestellt.

(*) Caures: Haselnussstrauch im hiesigen Dialekt

Caures-Wald. Verdun, Februar 1916. *Poilus* während einer Gefechtspause.

Wald Haumont bis nach Ornes reichende 11 km lange Front aus ihren Schützengräben hervor, durchdringt die ersten völlig verwüsteten französischen Linien und wagt sich durch die apokalyptische Landschaft weiter vor: Wald von Caures, Comte und Herbebois. Ihr Vormarsch wird jäh von Überlebenden aufgehalten, die sich verzweifelt in ihren Löchern verschanzen. Einzige Ausnahme bildet der Wald von Haumont, der von gegnerischen Infanteristen umzingelt ist.

Am 22. Februar nehmen die Deutschen die Offensive wieder auf. Trotz der andauernden Schneefälle bleibt kein Schnee auf dem vom unaufhörlichen Granatenhagel gepeinigten Boden liegen.

Der städtische Wald wird erobert, versprengte Widerstandnester werden nacheinander zerschlagen.

Das von acht Kompanien des 362. Infanterieregiments verteidigte Dorf Haumont, das bereits Angriffen und Bombardierungen ausgesetzt war, erliegt am späten Nachmittag einem neuen deutschen Ansturm.

Die Lage spitzt sich zu, je weiter die deutschen

Französischer Offizier, der in einem mit Reisiggeflecht und Rundhölzern verstärkten Schützengraben posiert.

"FÜR FRANKREICH GEFALLENE" AUSGELÖSCHTE DÖRFER

Für mehr als ein Dutzend Dörfer des Départements Meuse verlief die Schlacht von Verdun besonders tragisch: Beaumont, Bezonvaux, Douaumont, Fleury-devant-Douaumont, Haumont-les-Samogneux, Louvemont, Ornes, Vaux-devant-Damloup (rechtes Maas-Ufer) und Haucourt, Bethincourt, Forges und Cumières (linkes Maas-Ufer) wurden durch die Bombardements regelrecht von der Landkarte ausradiert. Zu dieser traurigen Liste gesellen sich Gremilly und Les Éparges. All diese Dörfer sind bis heute wahrhafte Symbole für erbitterten Widerstand, Aufopferung und Heldenmut.

Auch nachdem der Frieden wieder eingekehrt war, konnten die Überlebenden nicht in ihre Dörfer bzw. in das, was davon übrig war, zurückkehren. Völlig in Schutt und Asche ließen die zahlreichen Spuren des Kampfes, Munitionen und Skelette einen Neuanfang nicht zu. Das Gesetz vom 17. April 1919 über die Reparationszahlungen befähigte den Staat, die zu stark verwüsteten Gebiete durch Enteignung zu erwerben. Auf der Karte betrug die Fläche dieser rot markierten Dörfer schätzungsweise 20.000 ha und wurde als "rote Zone" eingestuft. Insgesamt neun Dörfer wurden nie wieder aufgebaut. Stattdessen wurden dort Gedenkkapellen und später städtische Ehrenmale für die Gefallenen errichtet. Bis heute sind vereinzelte Spuren dieser zerstörten Dörfer erhalten. 1987 wurde ein Gemeinde-Mehrzweckverband gegründet, der sich mit der Restaurierung und Pflege dieser Stätten befasst.

Einige Dörfer kannten ein anderes Schicksal, so z.B. Vaux, das nur einige Hundert Meter von seinem ursprünglichen Standort wiedergeboren wurde. Auch Grémilly und Les Éparges wurden in der Nähe ihres ehemaligen Standorts wieder aufgebaut.

↑ Rathaus. Im *Salle des livres* oder «Büchersaal» sind 200.000 gefallene Franzosen und Amerikaner von Verdun namentlich aufgelistet. An den Wänden sind Auszeichnungen der neun zerstörten Dörfer zu sehen.

↓ Das ehemalige Dorf Cumières.
Sammlung Christian Le Corre.

Truppen vormarschieren. Die ersten Tage der deutschen Offensive erweisen sich für die französischen Truppen als äußerst hart. Am 23. und 24. Februar wird die Lage kritisch, als die Deutschen die ersten und zweiten französischen Stellungen einnehmen und sich einen Weg nach Douaumont bahnen. Angesichts dieser Notlage wird De Castelnau von Joffre vor Ort entsendet, um der Forderung, das rechte Maas-Ufer um jeden Preis zu halten, nachzukommen. Die eintreffenden Verstärkungen (8. und 20. Korps) greifen in die Schlacht ein. Am 25. Februar jedoch gelingt es den Deutschen, in das Fort Douaumont einzudringen und es praktisch widerstandslos einzunehmen. Damit besetzen sie den wichtigsten Beobachtungsposten. Kaiser Wilhelm II. frohlockt: "Das große Fort Douaumont, der Eckpfeiler

← Soldaten mit Schutzmasken vor einem Gasangriff.

↓ Französische Soldaten während einer Gefechtspause. Ein Verletzter wird gestützt (Bildmitte).

DAS FORT DOUAUMONT

➧ Das Fort Douaumont: für die Deutschen die strategisch wichtigste Stelle im Verteidigungsgürtel von Verdun.

Das auf der Höhe 388 gelegene Fort Douaumont ist Teil eines nach den Plänen des Generals Séré de Rivières entstandenen Festungsrings, der Frankreich nach dem Frankfurter Friedensvertrag vor einer neuen deutschen Invasion schützen sollte. Der Bau des Forts beginnt im Jahre 1882. Vor 1914 wird es sieben Mal ausgebessert. Das ursprüngliche Mauerwerk wird nach der so genannten "Brisanzgranaten-Krise" verstärkt und zusätzlich durch eine dicke Erdschicht zum Abfangen des Explosionsdrucks sowie eine 1,50 bis 2,50 m dicke Betondecke geschützt. Mit Metallgittern bestückte Gräben umgeben das Fort. Zu seiner Bewaffnung gehören Rohre "mit Verschluss", ein Geschützturm für 15,5 cm-Kanonen, eine *Bourges-Kasematte* für zwei 7,5 cm-Geschütze und drei versenkbare MG-Panzertürme, die mit zwei "Hotchkiss"-Maschinengewehren und sechs gepanzerten Beobachtungsglocken ausgestattet sind.

Im August 1915 wird das Fort teilweise abgerüstet und die ständige Fortbesatzung aufgelöst. So blieben am 25. Februar 1916 lediglich die nicht abmontierbaren, versenkbaren 15,5 cm-Panzertürme, der 7,5 cm-Geschützturm und etwa vierzig Artilleristen im Fort zurück. Die gesamte Anlage hatte stark durch die deutschen Bombardements gelitten: Die Zugbrücke war in abgesenkter Stellung beschädigt, die Beobachtungsglocken zerstört, der Betonpanzer hatte seine Festigkeit eingebüßt, die Böschungs- und Steilmauern waren teilweise eingestürzt. Das 24. Brandenburgische Infanterieregiment konnte das Fort quasi kampflos einnehmen.

Nach einem ersten missglückten Wiedereroberungsversuch wird das Fort am 24. Oktober 1916 von den Franzosen zurückerobert.

Das seit 1970 unter Denkmalschutz stehende Fort Douaumont kann besichtigt werden. Die kommentierte Besichtigung führt durch die erste Kasematte und durch mehrere hundert Meter lange Stollen auf zwei Ebenen vorbei an Zimmern, Schlafplätzen, Küchen usw.

➧ Soldaten beim Aufmarsch.

Soldaten suchen Schutz vor dem feindlichen Beschuss.

Stollengang in einem Fort.

Fort Douaumont: Kasematten und Geschütztürme.
Sammlung Monique Sclaresky.

Weihnachten 1916: Mitternachtsmette im Fort Douaumont. *L'Illustration* vom 13. Januar 1917.
Sammlung Christian Le Corre.

RUINES

➧ Soldatenkolonne aus Annam.

➧ Die Schlacht von Verdun. Der Armeegeneral besucht General Pétain, Oberbefehlshaber von Verdun. *L'Illustration* vom 11. März 1916.
Sammlung Christian Le Corre.

Ce numéro contient : 1° Un portrait hors texte en couleurs du Général Pétain :
2° Le Tableau d'Honneur de la Guerre (planches 169 à 172).

L'ILLUSTRATION

Prix du Numéro : Un Franc. SAMEDI 11 MARS 1916 *74e Année. — N° 3810.*

GÉNÉRAL JOFFRE GÉNÉRAL PÉTAIN

LA BATAILLE DE VERDUN

Une visite du général en chef au général Pétain, qui dirige sur place les opérations.

der Befestigungsanlage von Verdun, wurde eingenommen [...]. Es befindet sich fest in deutscher Hand." Noch am Tag der Einnahme des Forts Douaumont wird Pétain zum Oberbefehlshaber von Verdun und des Frontabschnitts befördert. Der General tritt sein neues Amt am Abend des 25. an. Seine Aufgabe ist es, eine Verteidigungslinie längs des rechten Maas-Ufers zu ziehen und diese mit allen Mitteln zu halten.
Er nimmt eine Umorganisation der Defensivstellungen vor, die längs des linken Maas-Ufers Avocourt, die Höhe 304 und die Anhöhe *Mort-Homme* (Toter Mann) sowie am rechten Maas-Ufer Thiaumont, Vaux und das Relief der Maas-Höhen einschließt. Darüber hinaus ordert er die Wiederaufrüstung und Wiederbesetzung der Forts an.
In den darauf folgenden Tagen toben extrem heftige Kämpfe insbesondere um das Dorf Douaumont, das die Deutschen ohne Unterlass beschießen und schließlich am 4. März einnehmen. Doch trotz der feindlichen Anstrengungen ist die Front mehr oder weniger wieder hergestellt. Der mit der Verteidigung des Gebiets beauftragte Pétain hat gleich mit mehreren Schwierigkeiten zu kämpfen: die zahlenmäßige Unterlegenheit seiner Truppen und die Überlegenheit der deutschen Luftstreitkräfte und Geschütze.
Um diesem Manko beizukommen, ist eine effektivere Organisation des Nachschubs zur besseren Versorgung der Front mit Truppen, Munition und Kriegsgeräten nötig. Mit der Ausarbeitung eines ausgeklügelten Logistiknetzes gelingt Pétain ein wahres Meisterwerk,

FROIDETERRE - QUATRE CHEMINÉES - THIAUMONT

Mit dem Verlust von Douaumont wird die Linie Froideterre-Thiaumont-Souville zur letzten Verteidigungsbarriere vor Verdun.

Am 23. Juni 1916 erreichen die Deutschen das Zwischenwerk Froideterre, ohne es jedoch einnehmen zu können. Dieser im Jahr 1887 erbaute Infanterie-Stützpunkt wurde 1902 zum Zwischenwerk befestigt und besitzt betonierte Kasemattenräume, eine Bourges-Kasematte im Westen, einen 7,5 cm-Geschützturm im Osten und zwei versenkbare MG-Türme. Der Unterstand *Quatre Cheminées*, der seinen Namen vier markanten Lüftungsschächten zu verdanken hat, wurde 1890 in 7 m Tiefe ausgehoben. Er ist 70 m lang und 3,50 m breit und liegt oberhalb der Schlucht *Ravin des Vignes*. Er wurde als Brigaden-Befehlsstand und als Erste-Hilfe-Posten genutzt. An den Unterstand *Quatre Cheminées* grenzt der Befehlsstand PC 119 an. Die Ruinen dieses betonierten Zwischenwerks wurden befestigt und mit einer Orientierungstafel und einer Stele in Form eines Baskenkreuzes versehen. Der Befehlsstand PC 118, eine von zwei Kreuzen überragte unförmige Betonmasse, liegt in der Nähe des strategisch wichtigen Zwischenwerks Thiaumont in einer Kraterlandschaft, die willentlich in einem desolaten Verwüstungszustand belassen wurde. Es war mit einer Bourges-Kasematte mit zwei 7,5 cm-Geschützen, MG-Ständen und einem Beobachtungsturm ausgerüstet. Zwischen dem 23. Juni und dem 8. August 1916 wechselte es sechzehn mal seinen Besitzer, bevor es der französischen Armee am 24. Oktober gelang, es definitiv einzunehmen. Noch heute zeugen die Ruinen von der heftigen Schlacht um dieses Zwischenwerk.

↑ Unterstand am Zwischenwerk Froideterre.

das die Zuversicht der Deutschen erschüttern und ihre Hoffnungen zunichte machen sollte: die *Voie sacrée* (der Heilige Weg).
Auch wenn am 25. Februar Verdun zu fallen droht, scheint mit der Übernahme der Operationen durch Pétain neue Hoffnung aufzukommen. In wenigen Tagen werden 100.000 Soldaten und 480 Artilleriegeschütze an die Front geschafft. Am linken Maas-Ufer werden Geschützbatterien postiert, die den Vorstoß der deutschen Truppen auf der rechten Uferseite aufhalten sollen. Als den deutschen Truppenverbänden der Atem auszugehen scheint, ändert Falkenhayn seine Strategie und weitet den Angriff auf beide Maas-Ufer aus. Auf diese Weise hält das Konzept der Abnutzungsschlacht Einzug in das Kriegsgeschehen.

Eine Artillerietruppe bezieht Stellung.

DIE *VOIE SACRÉE* ODER DER "HEILIGE WEG"

Durch einen Beschluss vom 19. Februar wird die von Bar-le-Duc nach Verdun führende Départementstraße völlig frei gemacht und am 22. Februar einer unter der Leitung des Hauptmanns Doumenc stehenden Verkehrsregulierungskommission anvertraut. Genau genommen beginnt die Strecke etwas südlich von Bar-le-Duc in Badonvilliers, wo sich ein großer Bahnhof befindet und keine Staus zu befürchten sind. Die Schotterstraße ist 70 km lang und wird am 29. Februar bereits von 300 Lastwagen befahren. Der Verkehr nimmt unaufhörlich zu, doch wird die Straße durch das Tauwetter stark beschädigt und unbefahrbar. So wird der Entschluss gefällt, längs dieser Verkehrsstrecke Steinbrüche anzulegen. Unaufhörlich bemüht sich eine Reserve-Division aus mehr als 10.000 Mann, die Wagenspuren und Schlaglöcher anhand einfacher Schaufeln wieder aufzufüllen. Wie eine Straßenwalze setzt sich ein permanenter Fluss an Transportfahrzeugen in Bewegung. Im Schnitt passiert in beide Richtungen alle vierzehn Sekunden ein Fahrzeug.
Während der Schlacht von Verdun werden wöchentlich 90.000 Soldaten und 50.000 t Material von etwa 9.000 Fahrzeugen transportiert, wovon 6.000 diesen nicht abreißenden Fahrzeugfluss bilden und insgesamt eine Strecke von 1 Millionen km zurück legen. Diese Straße, die schon bald zu einem Symbol der Schlacht werden sollte, wurde von Maurice Barrès der "Heilige Weg" getauft.
Heute wird jeder Kilometerstein längs dieser berühmten Straße von einem grünen Helm geziert. Der erste Kilometerstein befindet sich in Bar-le-Duc. Im Jahre 1967 wurde im Ort Moulin-Brûlé an der Abzweigung zur Nationalstraße 3 ein Mahnmal zum Andenken an die Fahrer des "Heiligen Wegs" errichtet.

Kilometerstein der *Voie sacrée*. Den weiß-roten Stein ziert ein französischer Stahlhelm *Adrian* und ein Palmwedel zum Zeichen des Martyriums.

Das Denkmal *Mémorial de la Voie sacrée* in der Gemeinde Nixéville wurde von der französischen Armeeeinheit *Fédération nationale de l'Arme du Train* zum Andenken an die Fahrzeugkolonnen auf der Verpflegungsstrecke nach Verdun errichtet.

🠅 Bauarbeiten an einer Eisenbahnstrecke.

DIE EISENBAHNSTRECKE *LE MEUSIEN*

Trotz der ausschlaggebenden Rolle des "Heiligen Wegs" in der Schlacht von Verdun sollte nicht die *Meusien*-Strecke des "Eisenbahnbetriebs des Départements Meuse" in Vergessenheit geraten. Beim Ausbruch der verheerenden Schlacht stellt sie die einzige regelmäßige Eisenbahnverbindung zwischen Verdun und dem Hinterland dar und versorgt am 1. März 1916 eine Armee von etwa 430.000 Mann und 136.000 Tieren. Während der Schlacht beliefert die *Meusien*-Strecke täglich die Front mit 800 t Nachschub, insbesondere Lebensmittel, und nimmt somit an der Seite des "Heiligen Wegs" einen verdienten Platz in der Geschichte ein.

🠇 Zum Ausbessern der Wagenspuren und Schlaglöcher in der *Voie sacrée* werden Steine mit der Bahn antransportiert.

Die Anhöhe "Toter Mann" und das sogenannte "Skelett-Denkmal" des Bildhauers Froment-Meurice.

Oberbau eines 7,5 cm-Geschützturms.

Eine Abnutzungsschlacht

Mit kontinuierlichen Bombardements und vereinzelten Angriffen an präzisen Stellen beabsichtigt Falkenhayn, den Fall von Verdun herbei zu führen.
Ab dem 6. März finden die deutschen Angriffe auf dem linken Maas-Ufer in der Gegend der Höhe 304 und der Höhe "Toter Mann" statt. Auf dem Gipfel der ehemaligen Höhe 295, die im Laufe der Schlacht 12 m Höhe eingebüßt haben soll, ist heute das beeindruckende Mahnmal des Bildhauers J. Froment-Meurice in Gestalt eines Toten zu sehen, der sich aufrecht auf seinem Grab hält. Die Inschrift: "Sie kamen nicht durch" veranschaulicht nur zu gut das menschliche Opfer und die Härte der Kämpfe, bei welchen die 69. Division, deren Überlebenden das so genannte Skelett-Mahnmal zu verdanken ist, sowie die 40. Division bedeutende Verluste einbüßten.
Das Andenken an die Kriegsteilnehmer auf der Höhe 304 wird ebenfalls durch ein schlichtes aber nicht minder imposantes Mahnmal des Bildhauers Albert Lance gewahrt. Die am Ende einer Fichtenallee aufgestellte Gedenksäule mit einem Reliefkreuz wurde am 7. Juni 1934 eingeweiht und erinnert an das Opfer der

Auf der ehemaligen Festungsmauer von Verdun. Kriegsskizze von François Flameng. *L'Illustration* vom 19. August 1916.
Sammlung Christian Le Corre.

🡅 Auf der Höhe 304 kämpften 21 Divisionen und fielen 10.000 Soldaten. Auf dem pyramidenförmigen Denkmal von Albert Lange sind die Nummern der Einheiten eingraviert, die in diesem Sektor gekämpft haben.

"Verteidiger der Höhe 304. Zu Ehren der 10.000 gefallenen Helden, deren Blut diese Erde tränkte". Ein vergessenes Grab, zwei Mahnmale aber insbesondere eine Nekropole mit 3.417 Einzelgräbern und zwei Beinhäuser mit den sterblichen Überresten von jeweils 1.500 Soldaten halten ebenfalls die Erinnerung an die Gefallenen der Höhe 304 wach. Wie die Denkmäler bis heute bezeugen, sind diese Anhöhen Gegenstand erbitterter Schlachten, die mit der Hölle gleichzusetzen sind. Die Luft ist schier irrespirabel und vergiftet durch Bombardements, Gas, Rauch und Staub. In diesem Gemetzel geht es nicht mehr um Menschen sondern durch erdfarbene Uniformen unkenntlich gemachte Schattenbilder. Die kontrastreichen Gefühle der Männer reichen von Angst und Abgestumpftheit über Verzweiflung bis hin zu Hartnäckigkeit und Heldenmut.

Auf dem rechten Maas-Ufer befinden sich die Deutschen am 2. April am Fuße des Forts Vaux. Zwischen dem 9. und 12. April unternimmt der Feind einen neuen Sturmangriff, um die Anhöhen längs des linken Maas-Ufers und die Bastionen um Douaumont, Vaux und Thiaumont einzunehmen - allerdings ohne nennenswerten Erfolg. Am 10. März richtet Pétain an seine Soldaten eine berühmt gewordene Mitteilung, die mit den Worten endet: "Die Deutschen werden sicherlich wieder angreifen, auf dass jeder einsatzbereit und wachsam bleibe [...]. Nur Mut! Wir werden sie kriegen!..." Trotz des unleugbaren Vorstoßes werden die ursprünglich gesteckten Ziele von Falkenhayn nicht erreicht. Die Soldaten beider Lager erleben "die Hölle von Verdun". Am 1. Mai wird

🡇 Der unterirdische Part der Zitadelle. Hier wurden im Jahre 1888 Stollen ausgehoben, die insbesondere als Munitionslager dienten.

◆ Fort Vaux (1916). Abschnitt eines Schützengrabens.

DAS FORT VAUX

Das zwischen 1881 und 1884 in der Nähe des Fort Douaumont erbaute Fort Vaux, das die Vaux-Schlucht und die Woëvre-Ebene überragt, wurde im Jahre 1888 durch eine sprengstoffsichere Betondecke abgesichert. Zwischen 1904 und 1906 wurde die Bewaffnung des Forts durch einen Geschützturm für 7,5 cm-Kanonen, Beobachtungstürme, drei Kontereskarpenkoffer und zwei Kasematten mit jeweils zwei 7,5-cm-Geschützen modernisiert. Das nach dem Fall des Forts Douaumont von den Deutschen unter Beschuss genommene Fort Vaux hielt zwei lange Monate hindurch einem täglichen Hagel von 8.000 Granaten stand. Die von starkem Durst gepeinigten Soldaten des Majors Raynal, die schon seit zwei Tagen (*) keinen einzigen Schluck Wasser hatten, ergaben sich am 7. Juni 1916.
Im Fort Vaux, das für den Publikumsverkehr geöffnet ist, sind u.a. der Befehlsstand, die Revierstube des Majors Raynal, das Krankenzimmer, die Telefonzentrale und der Taubenschlag zu sehen.

(*) Die unter starkem Durst leidenden Männer des Forts Vaux leckten in ihrer Not die Wände des Forts nach Wassertropfen ab. Dem generellen Problem der Versorgung mit Trinkwasser ist übrigens die Bereicherung des französischen Wortschatzes um den Begriff *Verdunisation* zu verdanken, der 1916 aufkam und die Reinigung des Wassers anhand extrem geringer Mengen Chlors bezeichnete. Dieses erstmals in der Schlacht von Verdun eingesetzte Verfahren setzte allerdings das Vorhandensein von Wasserreserven voraus, was im Fort Vaux nicht der Fall war…

◆ Die "tragischen Gräben" von Fort Vaux.
L'Illustration vom 10. Juni 1916.
Sammlung Christian Le Corre.

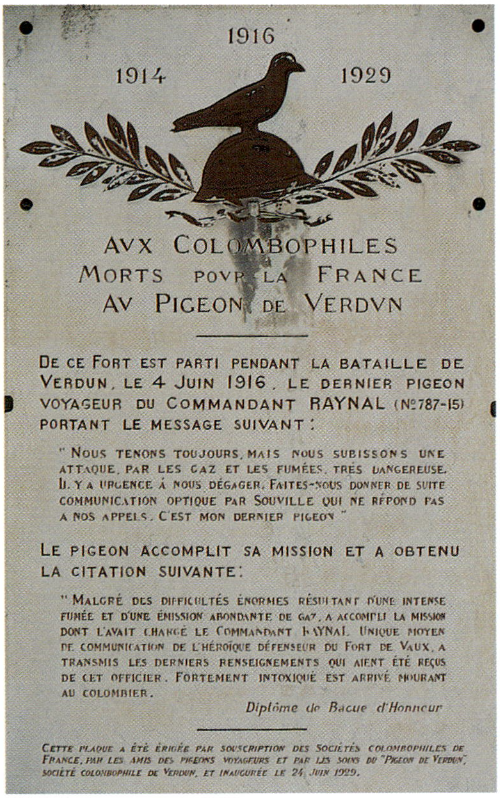

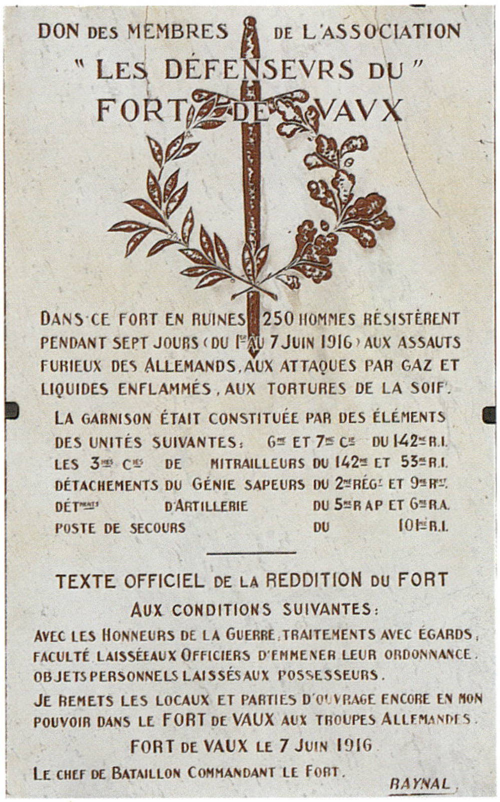

◆◆ Gedenktafel zu Ehren der letzten Brieftaube, die Major Raynal am 4. Juni 1916 mit einer Nachricht aus Fort Vaux losschickte. Der Vogel erfüllte seinen Auftrag und erhielt eine Auszeichnung.

◆ Gedenktafel für die Verteidiger von Fort Vaux, die bei ihrer Ergebung von den Deutschen eine Kriegsauszeichnung erhielten.

◆ Fort Vaux: Wie das Fort Douaumont fiel das Fort Vaux dem Abrüstungsdekret (August 1915) des Verteidigungsgürtels von Verdun zum Opfer.

Pétain zum Befehlshaber der französischen Heeresgruppe Mitte ernannt. Neuer Oberbefehlshaber der Armee von Verdun wird Nivelle, der nach Meinung von Joffre "offensiver" ist. Zur selben Zeit bereitet Joffre die in seinen Augen vorrangige Somme-Offensive vor. Am 23. Mai ordnet Nivelle einen Angriff auf das Fort Douaumont an, der sich als Niederlage erweisen sollte. Die um einen Ausgang bemühten Deutschen starten eine neue Offensive und nehmen am 7. Juni nach fünf Tagen erbitterten Kampf das Fort Vaux ein.

Am 12. Juni spielt sich eine Episode ab, die als "Bajonettgraben" in die Geschichte von Verdun eingehen sollte. Nördlich vom Beinhaus von Douaumont befindet sich auf dem Nordhang der Dame-Schlucht das Mahnmahl dieses Bajonettgrabens, das an die gefallenen Soldaten erinnert, die hier durch feindlichen Artilleriebeschuss stehend und bei lebendigem Leibe zugeschüttet wurden. So jedenfalls lautet die Legende…

Tatsächlich jedoch nimmt die Geschichte ihren (Neu)Anfang im Jahre 1919, als Oberst Collet, Anführer des 137. Infanterieregiments von Fontenay-le-Comte, den Ort aufsucht, an dem seine Einheit im Juni 1916 kämpfte. Dort sieht er noch teilweise bajonett-bestückte Gewehrläufe aus dem Boden ragen und beschließt, an dieser Stelle eine kleine Gedenkstätte zu errichten. Die Angelegenheit wird in der Presse aufgegriffen, die ihr umgehend einen patriotischen Charakter verleiht und Aufsehen erregt. Umgehend wird die Errichtung eines Mahnmals beschlossen, das von dem Amerikaner George Rand finanziert und am 8. Dezember 1920 durch den Staatspräsidenten eingeweiht wird. Dieses Betonwerk besteht aus einem imposanten Eingang, einem Treppenaufgang, der an die Laufgräben zwischen den Schützengräben erinnern soll, und das eigentliche Mahnmal in Form eines mit einem großen Reliefkreuz geschmückten Giebels, hinter dem sich eine dicke, von einfachen Säulen abgestützte Platte befindet. Diese Platte überdeckt die Stelle des Schützengrabens, an der einige Bajonette und neun Holzkreuze herausragen.

Über dem Eingang ist zu lesen: *"À la mémoire des soldats qui dorment debout, le fusil à la main dans cette tranchée. Leurs frères d'Amérique"* (Zum Andenken an die Soldaten, die in diesem Schützengraben im Stehen schlafen, das Gewehr im Anschlag. Ihre amerikanischen Brüder).

Im Anschluss an Ausgrabungen und Exhumierungen stellte sich heraus, dass sich die Toten in liegender Position befanden.

Die plausibelste Erklärung hierfür ist, dass die Deutschen diese Stelle, die keinesfalls ein Schützengraben sondern vielmehr eine Art Laufgraben war, als Massengrab nutzten.

Sie bedeckten die Toten mit Erde und setzten nach einer in diesem Krieg geläufigen Methode Gewehre zur Markierung der Gräber ein.

Dann wird am 21. Juni eine andere brutale Offensive ausgehend von der Douaumont-Vaux-Linie gestartet. Die Franzosen stehen kurz vor dem Zusammenbruch. In der Mitte wird das Zwischenwerk Thiaumont eingenommen, Froideterre und Souville zu beiden Seiten leisten jedoch erfolgreich Widerstand. Am 1. Juli leiten französische und britische Truppen die Offensive an der Somme ein. Daraufhin unternehmen am 11. Juli die deutschen Streitkräfte mit einem Armeekorps und drei Divisionen einen letzten Vorstoß-Versuch

🠗 Außenansicht des Bajonettgrabens.
Sammlung Monique Sclaresky.

🠗🠗 Innenansicht des Bajonettgrabens.

auf Verdun. Sie gehen gegen das Fort Souville vor, indem sie die Hänge und das Dach der Festung zu erklimmen versuchen, werden jedoch von den Franzosen zurückgeschlagen. Der feindliche Sturmangriff auf das Fort Souville wird erfolgreich abgewehrt, das trotz der großen Anstrengungen auf deutscher Seite nicht eingenommen wird. Heute ist von diesem Fort, das dem wechselseitigen Granatbeschuss der deutschen und französischen Streitkräfte ausgeliefert war, nur noch die mit zwei MG-Türmen ausgestattete Pamard-Kasematte aus Stahl erhalten, die allerdings nicht zu besichtigen ist. Der 12. Juli leitet das Ende der französischen Defensivhaltung in der Schlacht von Verdun ein. Nach der vereitelten deutschen Offensive wird Falkenhayn durch Hindenburg abgelöst, der Ende September die Beendigung der Angriffe anordnet. Somit wechselt die Initiative das Lager. Die Franzosen haben die Defensivschlacht gewonnen, nun gilt es, die Gegenoffensive zu gewinnen.

Fort Vaux (1916). Schlucht "La Hargne".

An der Kreuzung der Kapelle Sainte-Fine befindet sich "Der Löwe von Souville" des Bildhauers René Paris. Im Sockel des Denkmals sind die Nummern der Divisionen eingraviert, die zwischen Juni und Oktober 1916 in diesem Sektor gekämpft haben.

La-Vallée-Foulon. Soldaten in Ruhestellung.

🠅 Transport von Granaten in einem von Soldaten gezogenen und geschobenen Waggon. Bereits 1888 produzierte Frankreich zweiachsige Waggons unter der Bezeichnung "Truck Péchot", die für den Transport von Munition und schweren Geschützen für die Festungsanlagen vorgesehen waren. Sie kamen insbesondere in Vauquois zum Einsatz.

🠅 Gelände um das Fort Tavannes (1916).
Das von der deutschen Artillerie zerstörte Fort war Ziel des letzten deutschen Angriffs im August 1916.

Zu diesem Zeitpunkt ereignet sich ein tragisches Ereignis im Tavannes-Tunnel. In diesem 1874 gebauten, 1,4 km langen Eisenbahntunnel nahe der Gefechtslinien kommt es in der Nacht vom 4. auf den 5. September 1916 zu einem Explosionsunglück. Der Tavannes-Tunnel wurde während der Schlacht als Munitionslager und zur Unterbringung der Soldaten genutzt. Auf den notdürftigen Liegen fanden nicht alle Soldaten Platz, die bisweilen auf den Schienen und Schwellen schlafen mussten. Höchstwahrscheinlich ist ein Brand in einem Granatenlager als Ursache für das Unglück anzuführen. Das Feuer dehnte sich auf ein angrenzendes Kraftstofflager aus. Mit mehr als 500 Toten fällt die Bilanz der verheerenden Explosion besonders schwer aus. Erst nach fast einer

🠇 Soldat vor einem abgeschossenen Flugzeug.

Woche war der Zugang zum Tunnel wieder möglich. In diesem schrecklichen Kriegsjahr nämlich entwickelt sich in Verdun ein wahres unterirdisches Leben, das den Tavannes-Tunnel und vornehmlich das unterirdische Stollensystem der Zitadelle einschließt. Diese wurde 1888 mit 400 m langen, parallel verlaufenden Stollen versehen, die durch vier Horchposten miteinander verbunden waren, in welchen bis zu 2.000 Menschen untergebracht werden konnten. Somit dient das Stollensystem der Zitadelle als Unterstand (Offiziersmesse, Bäckerei, Zentrale und natürlich Lazarett). Auch setzt in der Zitadelle eine Gemeinderatsabordnung ihre städtische Arbeit fort. Am 13. September verleiht hier im Beisein der Generäle Joffre, Pétain und Nivelle der Staatspräsident der Stadt Verdun den Orden der Ehrenlegion, das Kriegsverdienstkreuz sowie sechs Auszeichnungen der alliierten Streitkräfte (Großbritannien, Italien, Belgien, Russland, Serbien und Montenegro). Die Zitadelle geht jedoch erst richtig in die Geschichte Frankreichs ein, als am 10. November 1920 an diesem Ort der Soldat Auguste Thin aus acht Särgen, welche die verschiedenen französischen Schlachtfelder symbolisierten, den Sarg des unbekannten Soldaten aussuchte, der am nächsten Tag unter dem Pariser Triumphbogen beigesetzt wurde. Hierzu addierte der Soldat die Zahlen seines Regiments (Nr. 132) zusammen und so fiel die Wahl auf den 6. Sarg. Heute wird das Leben des Kämpfers und die Wahl des unbekannten Soldaten in einem Rundgang und einer Ton- und Lichtshow in 15. Szenen nachgestellt. Der "oberirdische Part" der im Jahre 1670 von Vauban befestigten Zitadelle, die sich heute an der Stelle der ehemaligen Abtei Saint-Vanne befindet, diente während der Schlacht als Schießstand. Sie war mit zwei 12 cm-Kanonen, acht 7,5 cm-Geschützen und Maschinengewehren bestückt.

▲ Nachstellung von Szenen des alltäglichen Lebens im Stollensystem der Zitadelle. Oben: Lazarett und Backstube. (Besichtigungen in kleinen Wagen möglich.) Das Leben der Soldaten wird anhand virtueller Bilder in Ton- und Lichtshows nachgestellt (links unten). Am 10. November 1920 wurde hier aus acht Särgen der Sarg des unbekannten Soldaten für den Triumph-Bogen in Paris ausgewählt (rechts).

Die französische Gegenoffensive

🠅 Befehlsstand einer Division während der Schlacht (Louvemont-Hardaumont, Dezember 1916). *L'Illustration* vom 13. Januar 1917.
Sammlung Christian Le Corre.

Vorrangiges Ziel bei der französischen Rückeroberung der verlorenen Gebiete waren die Forts Douaumont und Vaux.
Ende Oktober leitet Mangin die französische Gegenoffensive ein. Nach einem intensiven und methodischen Trommelfeuer (mehr als 360.000 Granaten längs einer 5 km breiten Front) gehen am 24. Oktober die 38., 74. und 131. Infanteriedivisionen zum Angriff auf das Fort Douaumont über, das nach achtmonatiger feindlicher Besetzung zurückerobert wird. Doch mit diesem Sieg enden die Anstrengungen auf französischer Seite noch lange nicht. Vielmehr nehmen die französischen Infanteristen am 2. November erneut das Fort Vaux ein und drängen die deutschen Streitkräfte einige Kilometer von Fort Souville zurück. So sind am Ende dieses blutigen Kriegsjahres 1916 die Stellungen praktisch mit denen vom Februar 1916 identisch, zumindest was das rechte Maas-Ufer anbetrifft.
Im August 1917 führt General Guillaumat, der den Oberbefehlshaber der 2. französischen Armee in der Person Nivelles abgelöst hatte, die so genannte "zweite Schlacht von Verdun" an. Unter den Augen amerikanischer Offiziere setzen acht französische Divisionen zum Sturmangriff an. Der Tote Mann, der Gänserücken (Côte de l'Oie) und die Anhöhe Talou werden am 20. August eingenommen; vier Tage später folgt die Höhe 304. Somit ist Verdun, abgesehen vom Vorsprung Saint-Mihiel, befreit, den die Amerikaner im September 1918 einnehmen.
Am 26. September 1918 setzt die von General Pershing angeführte amerikanische Armee nach einem dreistündigen Trommelfeuer zu einer Offensive zwischen Maas und den Argonnen an. Mit großem Elan rücken die Amerikaner, die nichts aufzuhalten scheint, gegen die

🠆 Krankenschwestern aus Verdun. *L'Illustration* vom 8. September 1917.
Sammlung Christian Le Corre.

Ce numéro contient quatre pages supplémentaires non paginées.

L'ILLUSTRATION

Prix du Numéro : 1 fr. 25. — SAMEDI 8 SEPTEMBRE 1917 — 75e Année. — N° 3888.

LES INFIRMIÈRES DE VERDUN

Le général en chef décore de la Croix de guerre une des dames de la Croix-Rouge blessées dans le bombardement de l'ambulance de Dugny.

Voir l'article, page 266.

🠇 Orientierungstafel für den amerikanischen Sektor.

Die Ruinen der gotischen Kirche von Montfaucon.

Die Anhöhe von Montfaucon und das 57 m hohe amerikanische Denkmal, auf dem eine Freiheitsstatue thront.

feindlichen Stellungen am linken Maas-Ufer vor. Am Abend wird Montfaucon umzingelt. Am 27. und 28. September gerät der Vorstoß aufgrund der deutschen Gegenoffensive ins Stocken. Doch schließlich wird auch Montfaucon eingenommen. Die 336 m hohe Anhöhe von Montfaucon, auf der Godefroy de Bouillon im 11. Jh. ein Schloss errichten ließ, diente den Deutschen ab September 1914 als Beobachtungsstützpunkt. Hier wurde über einer Krypta zum Andenken an den amerikanischen Maas-Argonnen-Sieg (26. September - 11. November 1918) eine 57 m hohe Granitsäule errichtet, die eine Freiheitsstatue trägt. Das vom Bildhauer John Russell Pope geschaffene Denkmal wurde 1937 eingeweiht. Die Anhöhe bietet einen außergewöhnlichen Ausblick auf das Umland, darunter Vauquois und die Höhe 304, und verdeutlicht nur zu gut, von welch strategischer Bedeutung diese Stellung einst war.

Amerikanischer Soldatenfriedhof von Romagne-sous-Montfaucon. Hier ruhen die während der Maas-Argonnen-Offensive gefallenen amerikanischen Soldaten.

Amerikanischer Soldatenfriedhof von Romagne-sous-Montfaucon. Teich.

DER AMERIKANISCHE SOLDATENFRIEDHOF VON ROMAGNE-SOUS-MONTFAUCON

Etwa zehn Kilometer nördlich der Anhöhe von Montfaucon liegt in einem 52 ha großen Park der amerikanische Soldatenfriedhof von Romagne-sous-Montfaucon, der 14.246 weiße Marmorkreuze zählt. 65 Baum- und Pflanzenarten, eine Teichanlage und Hecken aus Linden, welche die Grabbeete säumen, verleihen diesem Ort eine friedvolle Atmosphäre. Auf dem Tympanon der romanischen Kapelle stellen zwei Frauen sinnbildlich das Leid und das Andenken dar. Auf den Steintafeln, welche die Wände der Loggien zieren, sind die Namen der während der Maas-Argonnen-Offensive gefallenen 954 amerikanischen Soldaten eingraviert. Die Fenster zieren die Abzeichen der 42 amerikanischen Divisionen, die an den Kämpfen zwischen 1917 und 1918 beteiligt waren.

Verdun:

Vom Wiederaufbau bis heute

Am Ende des Krieges liegt Verdun in Schutt und Asche. 2.305 Gebäude sind zerstört und zahlreiche Baudenkmäler beschädigt. Aufgrund der nach dem Krieg herrschenden katastrophalen Unterkunftsmöglichkeiten und schlechten Versorgungslage kehren die Einwohner nur zögernd in ihre Stadt zurück. So verzeichnen die Kommunalwahlen von 1919 eine Wahlbeteiligung von gerade mal 1.031 Wählern! Am 2. Juni 1919 wird eine Architektengruppe aus Paris mit dem Wiederaufbau der Stadt beauftragt. Diese zögert den Beginn der Arbeiten jedoch hinaus, da die Finanzierung des Vorhabens nicht geklärt ist. Nach Einschreiten von André Maginot wird die von Verdun geforderte Anleihe bewilligt

➧ Ruinen von Verdun.
Sammlung Monique Sclaresky.

➧ Der Kreuzgang und die Kathedrale. Kriegsskizze von François Flameng. *L'Illustration* vom 10. Februar 1917.
Sammlung Christian Le Corre.

🠗 Gräber auf dem amerikanischen Soldatenfriedhof von Romagne-sous-Montfaucon.

SOLDATENFRIEDHÖFE IM UMLAND VON VERDUN

Das Umland von Verdun ist mit französischen, deutschen und amerikanischen Soldatenfriedhöfen regelrecht übersät:

– 43 französische Friedhöfe, 80.726 namentlich bekannte Soldaten. Drei der Friedhöfe liegen in Verdun (Bévaux, Faubourg-Pavé und Glorieux).

– 29 deutsche Friedhöfe, 54.845 namentlich bekannte Soldaten.

– 2 amerikanische Friedhöfe (Romagne-sous-Montfaucon und Thiaucourt), 18.398 namentlich bekannte Soldaten.

DAS STADTTOR SAINT-PAUL UND DIE FIGURENGRUPPE *LA DÉFENSE* VON RODIN

Als die Stadtmauer im Jahre 1929 niedergerissen wurde, blieb als einziger Teil das im Jahre 1877 erbaute, zum Bahnhof führende Stadttor Saint-Paul mit seinen Zinnen, falschen Pechnasen und den zwei über zahlreiche Mechanismen betätigten Zugbrücken erhalten. Im Jahre 1879 schuf der Bildhauer Auguste Rodin für einen Kunstwettbewerb die wunderschöne und originelle Figurengruppe *L'Appel aux armes,* die in Courbevoie aufgestellt werden sollte. Ein Jahr vor dem Tod des Künstlers, als die Schlacht von 1916 in vollem Gange war, baten die Niederlande den Bildhauer um die Erlaubnis, eine übergroße Bronzekopie des Werks anfertigen zu dürfen, um diese der Stadt Verdun zu übergeben. Rodin willigte ein, doch das Werk wurde erst 1920 fertiggestellt. Auf dem Sockel ist folgende Inschrift zu lesen: *À la France immortelle. À la glorieuse ville de Verdun, la Hollande amie* (Dem unsterblichen Frankreich. Der ruhmreichen Stadt Verdun. Das befreundete Holland). Die Kopie mit dem Namen *La Défense* wurde an der oberen Zitadelle aufgestellt. Erst 1938 erhielt sie ihren Platz am Stadttor Saint-Paul.

➧ *La Défense.* Die Kopie der berühmten Figurengruppe *L'Appel aux armes* (dt.: Waffenaufruf) von Rodin war ein Geschenk Hollands an die Stadt Verdun.

und die Arbeiten aufgenommen. Mit der Entscheidung vom 25. Januar 1926, die Festungsanlagen endgültig zu deklassieren, stehen der Stadt weitere 54 ha Land zur Verfügung, die vormals von der alten Befestigungsanlage Vaubans eingenommen wurden. Von nun an geht der Wiederaufbau schneller voran. Es werden Straßen gebaut, Häuser vergrößert, Zugänge geschaffen… Für Verdun beginnt ein neues Zeitalter.

➧ Fleury-devant-Douaumont. Das von Gaston Broquet errichtete Denkmal *André Maginot* symbolisiert eine Festungsanlage durch die Mauer, die Vaterlandsliebe durch das Schild und die Brüderlichkeit durch die Soldatengruppe.

➧ Ausschnitt des Denkmals: Der in Maucourt verletzte André Maginot wird vom Soldaten Jolas gestützt.

◆ Die Anhöhe *Butte de Montsec*. Die amerikanische Gedenkstätte erinnert an die Offensive der 1. amerikanischen Armee am Vorsprung Saint-Mihiel (12. bis 15. September 1918). Das im Zweiten Weltkrieg beschädigte Denkmal (2. September 1944) wurde 1948 restauriert.

Die Aufbauarbeiten gehen nur schrittweise voran. Nach den wichtigsten Bauarbeiten werden neue Siedlungen errichtet und schließlich neue Straßen angelegt, wie 1925 die *Quai de Londres*.
Im nord-östlichen Teil der Stadt werden zur Durchführung des Bauprojekts Bollwerke niedergerissen und Gräben zugeschüttet. Ende 1928 wird der Großteil der Arbeiten als abgeschlossen erachtet und am 25. Juli 1929 ein großes Fest zu

◆ Unter der Schirmherrschaft von Raymond Poincaré und der Stadtverwaltung von Verdun entstand am 13. September 1916 die Verdun-Medaille. Entwurf und Gravur sind René zu verdanken.
Sammlung Monique Sclaresky.

Ehren der wiedergeborenen Stadt Verdun veranstaltet. Bei dieser Gelegenheit wird auch das Denkmal *À la Victoire et aux soldats de Verdun* des Architekten Chesnay aus dem Jahre 1929 eingeweiht. Es wurde in den ältesten, aus der Römerzeit stammenden Teil der Stadtmauer gehauen, der durch die Artillerieangriffe von 1916 und 1917 freigelegt worden war, und überragt die Haupteinkaufsstraße rue Mazel. Über eine breite Treppe mit dreiundsiebzig Stufen gelangt man zunächst zu einer Krypta. Hier liegt das Goldene Buch aus, das alle Soldaten von Verdun namentlich nennt, die an der Schlacht vor Verdun beteiligt waren. Die Krypta wird von einer 30 m hohen Säule überragt, deren Spitze eine nach Osten gewandte Kriegerskulptur bildet, die über die Stadt wacht. Das imposante Denkmal im romanischen und neubabylonischen Stil wurde am 25. Juni 1929 vom Staatspräsidenten Gaston Doumergue im Beisein von Ministerpräsident Raymond Poincaré und Marschall Pétain eingeweiht.

◆ 73 Stufen führen zum Siegerdenkmal des Architekten Chesnay, das auf einem Teil der ehemaligen Stadtmauer errichtet wurde, der durch die Bombardements von 1916 freigelegt worden war.

VERDUN

⬆ Der 137 m lange Kreuzgang des Beinhauses. Rechts im Bild sind die Kammern mit den Grabmälern zu erkennen..

DAS BEINHAUS VON DOUAUMONT

Am 22. August 1920 wurde der Grundstein für das Beinhaus von Douaumont gelegt. Die durch Anleihen und private Gelder finanzierte und nach Plänen der Architekten Azéma, Hardy und Edrei verwirklichte Gedenkstätte wurde auf einem Hügel mitten auf dem Schlachtfeld errichtet. Sie besteht aus einem Turm, einem Kreuzgang und einer Kapelle.

In dem granatförmigen, 46 m hohen Turm befindet sich die 2.300 kg schwere *Siegesglocke,* die dreimal täglich ertönt. Die vier roten und weißen Drehfeuer des Scheinwerfers sind im Umkreis von 40 km zu sehen. Eine Orientierungstafel in der Turmspitze gibt einen erklärenden Überblick über die Umgebung.

An der Außenseite des 137 m langen gewölbten Kreuzgangs sind die Wappen der 123 französischen und 26 ausländischen Städte eingraviert, die zum Bau des Beinhauses beigetragen haben. Auf der Innenseite sind Inschriften von Vereinen und Kameradschaften der in Verdun gefallenen Soldaten zu lesen. Die insgesamt achtzehn Kammern umfassen sechsundvierzig Grabmäler auf jeweils 14 m^3 großen Grüften, die die Gebeine von insgesamt 130.000 unbekannten französischen und deutschen Soldaten enthalten. Jede Gruft entspricht einem Sektor des Schlachtfeldes von Verdun (Douaumont, Caures-Wald, usw.). An den Enden des Säulengangs wurden später zwei weitere Grüfte für die Gefallenen aus besonders stark umkämpften Sektoren hinzugefügt. Das Mosaik der Bodenplatten zeigt an den Enden die Militärmedaille, in der Mitte den Orden der Ehrenlegion und dazwischen verschiedene Kriegskreuze.

Die Kapelle besteht aus einem einzigen Schiff. Die vom Maler Desvallières geschaffenen Fenster zeigen Szenen der Opferung sowie des Ruhmes und der Unsterblichkeit. Die Pietà des Hauptaltars stammt von Vezier.

Die Initiative für den Bau eines Beinhauses, der mehr als zehn Jahre dauern sollte, wurde von Monseigneur Ginisty, dem damaligen Bischof von Verdun, ergriffen. Der Scheinwerfer und Turm wurden im September 1927, das Gesamtwerk im August 1932 durch den Staatspräsidenten Albert Lebrun eingeweiht.

➧ Die Glocke des Beinhauses von Douaumont.
Sammlung Monique Sclaresky.

⬇ Seite 80/81: Im Beinhaus von Douaumont werden die Gebeine von 130.000 unbekannten französischen und deutschen Soldaten aufbewahrt. Auf dem angrenzenden Heeresfriedhof ruhen 15.000 namentlich bekannte französische Soldaten.

DER HEERESFRIEDHOF VON DOUAUMONT

Als das Beinhaus von Douaumont bereits im Bau war, beschloss man 1923 die Errichtung eines Friedhofs. Hierzu wurden vor dem Beinhaus mehrere Hektar Land eingeebnet, Gräber ausgehoben und Alleen angelegt und 1925 schließlich die ersten Leichname umgebettet. Auf 114.380 m² liegen 16.142 gefallene französische Soldaten, die identifiziert werden konnten. Der Heeresfriedhof wurde am 23. Juni 1929 eingeweiht. Präsident Jacques Chirac hat hier im Jahr 2006 ein Denkmal zur Erinnerung an die muslimischen Soldaten eingeweiht.

↑ Luftaufnahme: Beinhaus und Heeresfriedhof von Douaumont.

↓ Denkmal zur Erinnerung an die muslimischen Soldaten

← Kapelle. 1919 wurde als vorläufiges Beinhaus eine große Holzhütte errichtet. Im Inneren der Kapelle wurden die Gebeine von 130.000 Gefallenen in Särgen aufbewahrt, die mit den Schlachtfeld-Sektoren beschriftet waren.

Die Arbeiten werden bis 1940 fortgesetzt und die Restaurierung der Kathedrale und des Bischofspalastes abgeschlossen. Bei Ausbruch des zweiten Weltkriegs befindet sich Verdun noch im Wiederaufbau. Die Stadt wird unmittelbar in Mitleidenschaft gezogen. Mit Beginn des Sitzkriegs suchen die Einwohner die Dörfer im Süden und Westen des Départements auf, kehren jedoch schon bald an ihren Wohnort zurück. Trotz des Widerstands an der Maginot-Linie besetzen die deutschen Truppen nun Lothringen und am 15. Juni 1940 Verdun. In den folgenden vier Besatzungsjahren ist die Stadt durch eine starke deutsche Militär- und Polizeipräsenz geprägt. Im Jahre 1941 macht sich der erste Widerstand gegen die Besatzungsmacht bemerkbar, der sich zunächst um einzelne Personen wie Hippolyte Thévenon organisiert. Infolge einer Denunziation werden am 23. Dezember 1943 mehrere Mitglieder der Widerstandsbewegung aus Verdun verhaftet und erschossen. Dieses Drama sollte die Bewegung jedoch nicht stoppen. Vielmehr verleiht ihr die antifaschistische Widerstandsgruppe FTP *(Francs Tireurs Partisans)* eine neue Wendung. Am 21. August 1944 wird Verdun von den Amerikanern befreit. Nachdem Verdun die beiden Weltkriege hautnah miterlebt hat, "normalisiert" sich das Leben in der Stadt, wenngleich die Schlacht von 1916 die Stadt unweigerlich bis in die Ewigkeit gezeichnet hat. Verdun sieht sich mit den Schwierigkeiten einer mittelgroßen historischen Stadt konfrontiert und muss sich neuen wirtschaftlichen Gegebenheiten anpassen. Im 20. Jh. verschaffte die gewonnene Schlacht von 1916 der Stadt weltweites Ansehen. Der Sieg des Vaterlandes ließ zunächst einen neuen "patriotischen Tourismus" in Form von Wallfahrten zwischen den beiden Weltkriegen aufkommen. Außerdem hat die Stätte einen internationalen, weltweiten Bekanntheitsgrad erworben und ist das Symbol für den „Gedenktourismus“ geworden, denn zu einer Zeit, wo einer nach dem anderen der letzten *Poilus* dahinschied (der letzte französische Veteran, Lazare Ponticelli, ist am 12. März 2008 verstorben), hat die Besichtigung der Stätten und der Schlachtfelder durch die stets wachsenden Besucherströme aus dem Ausland seit 1946 unaufhörlich zugenommen.

➧ *Carrefour des maréchaux* oder *Porte du Secours.* Seit 1971 zieren die Gräben der Festungsanlage sechzehn Statuen von französischen Marschalls und Generälen aus dem Kaiserreich (Exelmans, Clauzel, Lobau, Serrurier, Mortier, Junot, Marbot, Cambronne und Caulaincourt), von 1870 (Aurelles de Paladines, Marguerite, Lenoury und La Roncière) und aus dem Ersten Weltkrieg (Gallieni, Franchet d'Esperey, Fayolle und Maunoury).

➧ Verdun. Die Ruinen einer Stadt.

↑ Fleury-devant-Douaumont: Die Kapelle Notre-Dame de l'Europe wurde am Standort der einstigen Dorfkirche als Denkmal für den während der Schlacht von Verdun 1916 von französischen und deutschen Geschossen zerstörten Ort errichtet. Seit 1918 trägt Fleury-devant-Douaumont das Attribut „Gefallen für Frankreich“. Die Unebenheiten im Gelände machen deutlich, welch starke Verwüstung die Kämpfe und Bombenangriffe hier angerichtet haben. © Maison du Tourisme de Verdun

DIE GEDENKSTÄTTE *MÉMORIAL DE VERDUN*

Das auf dem Gemeindegebiet von Fleury-devant-Douaumont, am einstigen Standort des Bahnhofs nach einem Entwurf des Kriegsveteranen Charles Legrand gebaute Denkmal hält sowohl für Franzosen als auch für Deutsche die Erinnerung an die Schlacht von Verdun wach. Die 1967 eröffnete Gedenkstätte, die jährlich mehr als 120.000 Besucher anlockt, ist wegen Umbau- und Sanierungsarbeiten noch bis zum 15. November 2015 geschlossen. Geplant sind folgende bauliche Maßnahmen:

– Umbau der Dachterrasse zur Schaffung von Räumlichkeiten für Wechselausstellungen und ein Dokumentationszentrum,

– Bau von zwei eingeschossigen Seitenflügeln: einer für die Dauerausstellung der Lastwagen und Kanonen, der andere für Verwaltungs- und Lagerräume,

– Umgestaltung des Bereichs zwischen Straße und Gebäude zur Schaffung einer Eingangshalle im überdachten Teil und der Unterbringung von Buchladen, Kasse, Erlebniswaldareal und Touristeninfo-Schalter im umgeformten Hügel.

Der eigentliche Museumsparcours führt vom Erdgeschoss, das den Kriegsschauplätzen gewidmet ist, in den ersten Stock, der Einblicke in das unmittelbare Umfeld des Kampfgeschehens bietet.

→ Fleury-devant-Douaumont. Die Idee des Memorials geht auf das französische *Comité national du Souvenir de la Bataille de Verdun* zurück, dessen Ehrenvorsitzender Maurice Genevoix bis zu seinem Tod im Jahr 1980 war.

Verdun - Hauptstadt des Friedens

Der 1963 unterzeichnete Élysée-Vertrag zur Versöhnung zwischen dem deutschen und dem französischen Volk legt den Grundstein für ein neues Verhältnis beider Völker zueinander und ist Auftakt zu einer soliden Beziehung, die sich im Laufe der Jahre mehr und mehr festigen sollte. Als Bundeskanzler Helmut Kohl und der französische Staatspräsident François Mitterrand im September 1984 vor dem Beinhaus von Douaumont anlässlich eines gemeinsamen Besuchs in einer symbolträchtigen und emotionsgeladenen Versöhnungsgeste verweilen, wird Verdun zum absoluten Symbol für die freundschaftlichen Beziehungen zwischen den beiden Nachbarn. Diese Geste vor einem der berühmtesten Gedenkstätten der Welt besiegelt nicht nur die deutsch-französische und europäische Freundschaft, sondern unterstreicht außerdem das Ende des Nationalismus und den Beginn eines neuen Universalismus und Pazifismus.

DAS WELTFRIEDENSZENTRUM

Die Vereinigung des *Centre mondial de la Paix, des Libertés et des Droits de l'Homme* wurde am 2. Februar 1990 vom französischen Staat, der Stadt Verdun und den Départementräten von Meuse und Lorraine gegründet. Auch wenn das Weltfriedenszentrum seine Tätigkeit bereits zuvor aufgenommen hatte, war es der Öffentlichkeit erst nach der Einweihung durch den damaligen Ministerpräsidenten Édouard Balladur am 30. Juni 1994 zugänglich. Das im Bischofspalast, einem historischen Bauwerk von unschätzbarem Wert, untergebrachte Weltfriedenszentrum zeigt Verdun nicht von seiner Schattenseite sondern vielmehr im Licht der Versöhnung. Hier regen verschiedene Dauerausstellungen zum Austausch an, finden Treffen statt und wird unter der Leitung eines Wissenschaftsrats historische Forschung betrieben.

↑ September 1984: Der französische Staatspräsident François Mitterrand und der deutsche Bundeskanzler Helmut Kohl auf einem gemeinsamen Besuch in Verdun. Das Bild, auf dem sie sich vor dem Beinhaus von Douaumont in einer symbolträchtigen Versöhnungsgeste an der Hand halten, ging durch die ganze Presse.

← Weltfriedenszentrum. Foto Bruno Barbier.

Eine lebensfrohe Stadt

➧ Fußgängerzone in der rue Chaussée.

➧ Nach Überqueren der Maas betritt man Verdun durch das Stadttor *Porte Chaussée*.

Der Besuch der Denkmäler, Soldatenfriedhöfe und der im Ersten Weltkrieg "für Frankreich gefallenen" Dörfer überwältigt viele Besucher und regt zum Nachdenken an. Doch in der friedlichen Stadt, die von einer herrlichen landschaftlichen Lage profitiert und an einen schönen Regionalpark angrenzt, ist auch die Hoffnung zu spüren, die in Verdun keimt. Heute legen im Yachthafen der gastfreundlichen Handelsstadt Schiffe bei ihrer Fahrt auf der Maas an. Touristen kommen nicht nur wegen der Schlachtfelder hierher, sondern auch, um die mittelalterlichen und modernen Baudenkmäler zu bewundern. Nicht umsonst ist Verdun die "zweitbekannteste Stadt Frankreichs und die Stadt mit den meisten Touristen Lothringens". In den Straßen von Verdun klingen die Worte von Raymond Poincaré vom 14. September 1916 wie eine Vorhersehung: *"Verdun wird aus der Asche auferstehen [...] und über Jahrhunderte wird der Name Verdun in aller Herren Länder wie ein Siegesruf und Freudenschrei der erlösten Menschheit fortklingen."*

CHARCUTIER
PRESSING
RÉPARATION CHAUSSURES
TOPY
CLES à la MINUTE
plein jour
Aux Cours des Halles
RESTAURANT DE LA TOUR
MOUSEL

CHARCUTIER
A la Tour Chaussée
Salon de Thé
PRESSING
LE BRAZZA
L'EST

⬆ Die von Spaziergängern und Joggern viel geschätzten Ufer der in der Region Bassigny entspringenden Maas.

⬅ Freizeitanlage *Pré l'Évêque*. Wasserfläche von 10 ha, Baden, Angeln, Tennis, Trimm-dich-Pfad.

⬅⬅ An sonnigen Tagen laden die Straßen von Verdun zum Flanieren ein.

DAS DENKMAL
AUX ENFANTS DE VERDUN

On ne passe pas ! - Keiner kommt durch! Entsprechend der Devise der Stadt von 1916 bilden auf diesem Symbol des Widerstands fünf Soldaten verschiedener Armeekorps "eine menschliche Mauer". Das vom Architekten Forest und Bildhauer Grange geschaffene Denkmal an der Stadtmauer von Verdun führt in seinem Sockel die Namen aller Einwohner Verdun auf, die im Krieg für Frankreich gefallen sind.

➧ Verdun, Denkmal für die Kinder von Verdun, das aus fünf in Stein gehauene Soldaten in Uniform besteht, die fünf Waffengattungen der französischen Armee darstellen: Heer, Truppen aus den Kolonien, Infanterie, Kavallerie, Artillerie..

🡇 Das Denkmal *Aux Enfants de Verdun* des Architekten Forest und Bildhauers Grange (1928), das den Widerstand der Stadt symbolisiert.

⬆ Stadtpark Japiot.

Nützliche Adressen

MAISON DU TOURISME DE VERDUN
Place de la Nation, 55100 Verdun
Tél.: +33 (0)3 29 86 14 18
Internet: www.verdun-tourisme.com

COMITÉ DÉPARTEMENTAL DU TOURISME DE LA MEUSE
Hôtel du Département 55000 Bar-le-Duc
Tel.: +33 (0)3 29 45 78 40

FORT DE VAUX – FORT DE DOUAUMONT – UNTERIRDISCHES STOLLENSYSTEM DER ZITADELLE
Régie départementale des Sites de Mémoire
Conseil Général de la Meuse
55000 Bar-le-Duc
Tel.: +33 (0)3 29 45 77 55

MÉMORIAL DE VERDUN
Avenue du Corps-Européen
55100 Fleury-devant-Douaumont
Tél.: +33 (0)3 29 84 35 34

OSSUAIRE DE DOUAUMONT (BEINHAUS)
55100 Douaumont
Tel.: +33 (0)3 29 84 54 81

CENTRE MONDIAL DE LA PAIX (WELTFRIEDENSZENTRUM)
Place Monseigneur-Ginisty
55100 Verdun
Tel.: +33 (0)3 29 86 55 00

MUSÉE DE LA PRINCERIE
Rue de la Belle-Vierge
55100 Verdun
Tel.: +33 (0)3 29 86 10 62

ASSOCIATION NATIONALE DU SOUVENIR DE LA BATAILLE DE VERDUN (ANSVB)
Mémorial de Verdun
1, avenue du Corps-Européen
Fleury-devant-Douaumont
55100 Verdun
Tel.: +33 (0)3 29 84 35 34

"CEUX DE VERDUN"
15, rue de Richelieu
75001 Paris

COMITÉ DE LA VOIE SACRÉE ET DE LA LIBERTÉ
Mémorial de Verdun
Fleury-devant-Douaumont
55100 Verdun

"CONNAISSANCE DE LA MEUSE"
Carrières d'Haudainville
55100 Verdun
Téléphone : 03 29 84 50 00
Tel.: +33 (0)3 29 84 50 00

DRAGÉES BRAQUIER
50 rue du Fort-de-Vaux
55100 Verdun
Tel.: +33 (0)3 29 84 30 00

GEDENKSTÄTTEN IN UND UM VERDUN

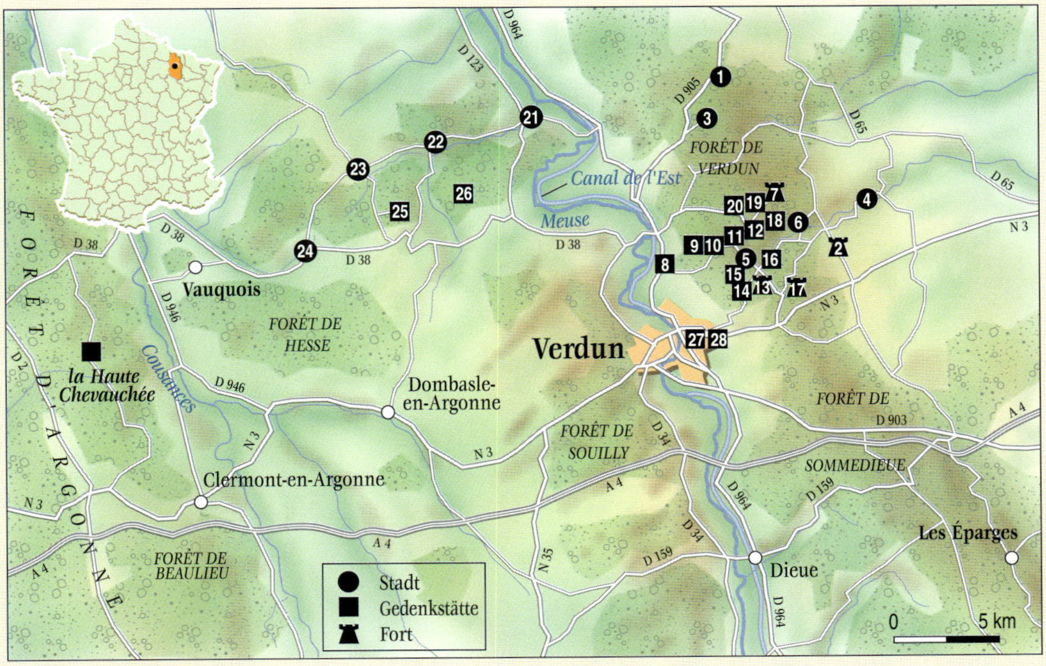

1	Wald von Caures	11	Befehlsstand PC 118	20	Bajonettgraben
2	Vaux	12	Thiaumont	21	Forges-sur-Meuse
3	Beaumont	13	Souville	22	Béthincourt
4	Douaumont	14	Batterie de l'Hôpital	23	Malancourt
5	Fleury-devant-Douaumont	15	Pulvermagazin von Fleury	24	Avocourt
6	Vaux-devant-Damloup	16	Zwischenwerk D	25	Höhe 304
7	Fort Douaumont	17	Tavannes	26	Höhe Toter Mann
8	Froideterre	18	Beinhaus	27	Soldatenfriedhof von Verdun-Bevaux
9	Unterstand Quatre Cheminées	19	Heeresfriedhof von Douaumont	28	Soldatenfriedhof von Verdun-Glorieux
10	Befehlsstand PC 119				

Bibliografie

- G. Canini, *Combattre à Verdun*, PUN, Nancy, 1988.
- A. Denizot, *Verdun et ses champs de bataille*, Nouvelles Éditions latines, Paris, 1998.
- A. Girardot (unter der Leitung von), *Histoire de Verdun*, Éditions Privat, Toulouse, 1982.
- A. Girardot (unter der Leitung von), *Histoire de Verdun*, Éditions Serpenoise, 1997.

Inhaltsverzeichnis

Danksagung

Mein besonderer Dank gilt Frau Murièl Sztermer,
Leiterin des Fremdenverkehrsamts von Verdun, für ihre Hilfsbereitschaft und Geduld,
sowie Frau Véronique Harel vom Meuse-Départementrat.

Fotos

Alle nicht gesondert gekennzeichneten zeitgenössischen Fotos von Verdun wurden vom Maison du Tourisme de Verdun bereitgestellt. Die historischen Zeugnisse des 1. Weltkriegs entstammen den Generalarchiven des Départements La Meuse.

➧ Turm *Chaussée* und Yachthafen.

HOT
P

Titelblatt-Rückseite:
Kleine Fotos von links nach rechts: Unterirdische Festung, Bischofspalais, Verdun-Dragees, Kreuzgang der Kathedrale
Großes Foto: Am Quai de Londres festgemachte Ausflugsboote © Hémis

Rückseite:
Foto links: Beinhaus und nationale Nekropole von Douaumont

Herausgeber: Henri Bancaud
Textgestaltung: Caroline Brou
Grafische Gestaltung und Layout: Brigitte Racine
Kartografie: Patrick Mérienne
Fotogravüre: Micro Lynx
Druck: Gibert Clarey Imprimeurs, Chambray-lès-Tours (37)

ISBN 978-2-7373-6559-1 - Herausgeber-Nr.: 7663.02.0,5.03.16
Gesetzliche Hinterlegung: Mai 2009. Printed in France.
www.editionsouestfrance.fr